騙局

揭祕中外古今經典騙局騙術

郭曉淙 /編著

永續圖書線上購物網
讀品文化事業有限公司

www.foreverbooks.com.tw

yungjiuh@ms45.hinet.net

POWER 系列　47

騙局：揭祕中外古今經典騙局騙術

編　　著　郭曉淙
出 版 者　讀品文化事業有限公司
執行編輯　林美玲
封面設計　姚恩涵
內文排版　王國卿

總 經 銷　永續圖書有限公司
　　　　　TEL ／(02)86473663
　　　　　FAX ／(02)86473660
劃撥帳號　18669219
地　　址　22103 新北市汐止區大同路三段 194 號 9 樓之 1
　　　　　TEL ／(02)86473663
　　　　　FAX ／(02)86473660
出 版 日　2016 年 8 月

法律顧問　　方圓法律事務所　涂成樞律師
CVS 代理　美璟文化有限公司
　　　　　　TEL ／(02)27239968
　　　　　　FAX ／(02)27239668

國家圖書館出版品預行編目資料

騙局：揭祕中外古今經典騙局騙術／郭曉淙編著.
　--初版.--新北市　：　讀品文化, 民 105.08
　　面；公分. --（POWER 系列：47）
　　　ISBN　978-986-453-037-3（平裝）
　　1.世界史　　　　　　2.通俗史話
711　　　　　　　　　　　　　　　　105010662

前言

　　人類歷史，光明中伴隨著黑暗，真實中瀰漫著謊言。

　　從科學到靈異，從戰場到商場，從權力到情感，數千年的歷史在人類慾望的驅動下發展前行，也在慾望的驅使下產生了種種異變。名譽、金錢、生命、權力、情感，彷彿都可以用來作為欺詐的元素，慾望，讓人不擇手段。在這些或主動或無奈的騙局中，誰是螳螂？誰是黃雀？誰又是蟬？

　　特洛伊戰爭之所以發生，大流士之所以登上波斯帝國的王位，諾曼地登陸之所以成功，蘇聯之所以解體……這一切重大的歷史變遷，皆源於一個個怵目驚心的騙局，一場場精采的智力欺騙。

　　你以為自己獻出全部財產是為民族復興出力，你會以為自己的投資對象是一家實力雄厚的上市公司，你以為有位首富來帶領你走向富裕……然而當真相揭開，你才會發現，隱藏在華美外衣下的騙局是如此直白，你只不過是個被騙者。

　　人們在貪念面前丟掉了智慧，進而丟掉了金錢。

　　有人篡改了人類進化史，有人欺騙了近代科學界，有人將法國象徵倒賣了兩次，有人誤導了古生物研究的方向⋯⋯他們能夠讓人相信不存在的事物，也能夠讓人懷疑既定真理或科學，如果我們所熟知的科技人文都是騙局的話，我們的生活也必將充滿謊言。

　　慾望，一切都是慾望的原因。無論是想實現夢想、獲得財富，還是想受人關注、招募信徒，人們的行為總能產生許多令人瞠目而又意味深長的故事。

　　本書精選了人類歷史上最精采的26場騙局，以獨特的視角，生動的語言，繪聲繪色地講述了非常時期非常人物炮製的重大騙局。這些騙局有的太過久遠，漸漸變成了神話傳說的一部分；有的曾經轟動全球，成為政治事件，引起外交衝突；而有的騙局，無論是騙局的製造者還是當年的受害者，出於種種目的，至今都不肯承認⋯⋯

　　其實，一切謊言和欺騙只是人們滿足慾望的手段和伎倆，從中我們能更清晰地審視自身複雜而又善變的人性，給我們的現實人生一些警示和借鑑，揭示社會上的種種明暗黑白、勾心鬥角以及叵測的人心，讓我們能更好地明辨是非，最大限度地趨利避害，進而使人生更加遊刃有餘。

3. 人文騙局

4. 超自然騙局

5. 戰爭騙局

6. 虛幻的騙局

金融巨騙

所謂騙局，即以騙術為支撐，以不法的手段牟取他人利益。

所謂巨騙，是那些已經成為了金融領域的典型案例的曠世騙局，其中既有傳銷類犯罪的始祖龐氏騙局，在帳目上弄虛作假的高手安隆騙局，也有欺騙了一個國家的金字塔騙局和看似繁華實則一觸即破的泡沫經濟。這些騙局以令人瘋狂癡迷的利益做誘餌，即便再精明的商人，也會有利令智昏的時候

巨騙始祖龐氏騙局

1920年7月24日，《波士頓郵報》上刊登了一則不尋常的報導，其內容是：「三個月內讓你的金錢翻一倍，龐氏在45天內付給投資者50%的利息——吸引了數千名投資者，國際代金券的交易利用低匯率獲得利潤。」這條消息一出，波士頓的人們都為之瘋狂。然而沒有人會想到，龐氏的投資只會讓人血本無歸。

這則報導之中提及的龐氏全名為查理斯·龐茲，他聲稱透過購買歐洲的某種郵政回信券，再將其轉賣回美國，就能夠獲得高達400%的利潤。因此達到他所聲稱的45天內獲得一半的利潤是輕而易舉的。

有人會問，賺錢真就這麼容易？查理斯·龐茲會耐心向你解釋並讓你放心，他會說郵政回信券是一種由某國郵政局發行，容許該國合法公民，寄送給另一國的親朋，好讓對方用此票據支付郵資的票券。這些票券可以透過轉讓炒賣而獲利。而且當時英國匯價受挫，因此這些小東西的升

值空間十分巨大。

　　道理雖然如此，但是真正去做的人卻幾乎沒有。因為那時候，各國之間由於政策、匯率、經濟制度等差異因素，很多經濟行為都是普通人很難明白的。但是很多人都不在乎具體執行的過程，他們只要看到有回報就可以了。

　　第一批投資者確實從查理斯‧龐茲的手裡獲得了他承諾的收益，隨後，越來越多的人開始相信這件事情是真的。儘管大多數人都心存疑慮，但是在如此豐厚回報的面前，人們最終還是沒能抵擋住金錢的誘惑，像一群瘋子一樣向查理斯‧龐茲的公司注資。

　　這個查理斯‧龐茲到底是何許人也？為什麼能夠讓投資者在短短的45天內就獲得一半的收益呢？為什麼只有他看到了這條生財之路，難道查理斯‧龐茲真的是金融界的奇才嗎？非也，其實查理斯‧龐茲既不是經濟天才，也不是金融巨鱷，他的所作所為只不過是一場驚世大騙局！

　　這個騙局說起來很簡單，也是至今為止那些金融巨騙最喜歡用的騙術。後來在西方，經濟學家們將其命名為「層壓式推銷法」，在台灣，人們稱這種推銷方式叫「老鼠會」。

　　查理斯‧龐茲先是許諾將給投資者回饋高額利益，然後讓他們擴散這個消息，進而讓更多的人加入。查理斯‧龐茲再用後加入者的錢去充當率先加入的投資者的利潤。這種騙局最大的漏洞就在於一旦沒有新成員加入，騙局很快就會被揭穿。

1882年，查理斯‧龐茲出生在義大利拉韋納省的盧戈鎮，這個地方不是很出名，所以日後龐茲對《紐約時報》的記者謊稱他是來自義大利農產品聚集地，以乳酪著稱的帕爾馬。

龐茲曾經就讀於古老的羅馬大學，但是他的同學卻稱查理斯‧龐茲更像是渡過了「四年的假期」，上學期間，龐茲就經常出入酒吧等娛樂場所，儼然是個富家子弟。

1903年11月15日，查理斯‧龐茲搭乘商船溫哥華號抵達波士頓。由於他愛賭的個性，使他在上船之後，幾乎花光了他的所有財產。

到達美國時，他的境況非常的困窘，身上只有2.5美元。但是龐茲並沒有因此而沮喪，因為他的父親曾告訴他：美國遍地都是黃金，街道都是由黃金鋪成的，只要努力工作，發財十分容易。因此查理斯‧龐茲自信地宣稱：「我來到這個國家，雖然我現在只有2.5美元，但是我希望我能夠擁有100萬美元，而且我從來沒有放棄這個希望。」

上個世紀的美國是冒險者和欺詐者的樂園，而20世紀20年代的波士頓，是一個充滿了冒險家和騙子的城市。龐茲似乎也在這裡找到了真正的自己，他用自己的演技，在這個舞台上充分地發揮著自己的騙人技巧。

剛來到美國的龐茲也曾想過做點正事，起初他在餐廳當服務員，然而不守本分的查理斯‧龐茲多次在幫顧客結帳的時候少找對方錢，並且還有小偷小盜的習慣，導致他被

老闆辭退。

　　沒有工作的龐茲又來到了蒙特利爾，這次他在當地一家私人銀行擔任出納員。這家銀行是一個名為路易・紮羅西的銀行家開辦的，專門為那些義大利移民提供服務。由於該銀行的利率高達6％，因此擁有很好的口碑，龐茲也因為出色的表現很快成為了銀行經理。

　　但是倒楣的龐茲很快發現這家銀行實際上已經負債累累，該銀行陷入不良房地產案件，其負責人路易・紮羅西也捲款逃往墨西哥。身無分文的龐茲沒有別的選擇，只好回到美國。為了湊路費，他冒用他人名義給自己開了一張面值為423.58美元的支票。因此他被加拿大警方逮捕，被扔進了蒙特利爾聖文森特保羅監獄。然而，在給母親寫信的時候，查理斯・龐茲卻說自己已經當上了「監獄官吏的特別助理」。

　　1911年，剛剛出獄後的查理斯・龐茲準備返回美國，但是他本性難移，參與了一起在美國邊境非法販賣義大利移民的案件之中，隨後美國警方將他關進了亞特蘭大監獄。

　　1917年，龐茲再次出獄，這次他回到了波士頓，打算重新開始自己的生活。查理斯・龐茲曾在亞特蘭大監獄和投機商人查理斯・莫爾斯結交，而且他也從威廉・米勒的欺詐案件當中獲得了靈感。

　　現在普遍認為，龐氏騙局的核心思想來源於1899年的威廉・米勒。當時的米勒只是布魯克林一家名為「佛蘭克

林財團」的記帳員，然而他對外許諾將給予投資者每週10％的利潤。米勒在這場騙局之中騙取了投資者高達100萬美元。

1920年，一個比當年威廉・米勒的騙局要龐大得多的騙局開始運作。查理斯・龐茲極力粉飾他的騙局，他利用戰後經濟混亂的局面，向大眾宣揚歐洲各國貨幣的近況，讓他們相信這種利用歐洲各國貨幣匯價下跌牟利的行為是十分可信的。在大力操作這個騙局之前，查理斯・龐茲先從在波士頓的幾個朋友下手，他透過出色的口才，讓朋友們相信透過郵政回信券可以致富。隨後，這種論調開始迅速傳播。隨後查理斯・龐茲註冊了自己的證券交易公司。

1920年2月，龐茲收穫了5000美元；3月，這個數字變成了30000美元。僅僅在2個月後，查理斯・龐茲在1920年5月就已經獲利420000美元，當時他所收穫的這個數字大概相當於2010年的4.53億美元，足見龐氏騙局的龐大規模。

查理斯・龐茲喜出望外，在他大力的鼓吹之下，當時整個波士頓的人都想把自己的錢交給龐茲。當時的投資者非常多，以致於龐茲不得不雇傭了數十名員工，夜以繼日的工作，才有辦法清點那些堆成小山的鈔票。不到半年的時間，龐茲累積獲得的投資，已經超過了1500萬美元。

在一年左右的時間裡，差不多有4萬名的波士頓市民成為了龐茲系統中的投資者。當時的龐茲被這些狂熱的美國

投資者稱為與哥倫布、馬可尼齊名的偉大人物，因為他就像是哥倫布發現新大陸一樣，發現了為人們賺錢最簡捷的方式。

查理斯‧龐茲把自己所賺的錢存放在波士頓的漢諾威信託銀行，透過在該銀行儲存了上千萬美元進而間接控制該銀行，甚至成為該銀行的大股東。此時的龐茲成為了所有人都羨慕的成功人士，他擁有一家日進斗金的證券交易公司，是一家銀行的大股東，他的身分今非昔比。

查理斯‧龐茲在麻塞諸塞州萊克星頓買下了一幢擁有20多個房間的豪宅，為自己量身訂做了100多套價值不菲的西裝以及與之相搭配的皮鞋。除了豪宅和名貴的衣服，他還擁有數十根鑲金的拐杖，甚至還在煙斗上鑲嵌了鑽石。除了自己花錢，查理斯‧龐茲還為自己的情人買了不少價值連城的珠寶首飾。但是作為一個騙局，總是會有所紕漏，查理斯‧龐茲並沒有什麼魔法，也不可能真的在短短的45天內就讓投資者收穫難以想像的收益，他只不過是用下一批投資者的錢去支付第一批投資者的利潤而已。

《波士頓郵報》用「rob Peter to pay Paul」來形容這種用別人的錢去支付利潤，進而從中獲利的手法，如果把這句話翻譯成中文的話，就是我們俗稱的「拆了東牆補西牆」。

當然也有許多人懷疑龐氏騙局的真實性，有的金融專家開始質疑查理斯‧龐茲的投資計劃根本不可能有如此巨大的利潤，而龐茲於1920年7月24日在當地的《波士頓郵報》

上發表文章，聲稱這些所謂的專家並不懂這方面的經濟，並反駁專家的觀點。

而在文章發表後的第二日，龐茲還宣稱在一天之中就有超過千人參與此他的投資計劃。這時郵報編輯已開始派人追蹤龐茲的經營手法。而在該年7月26日，郵報開始發表文章，質問龐茲投資計劃背後的漏洞。

1920年8月，道瓊斯公司創始人，《華爾街日報》的總編輯克拉倫斯・巴倫在報紙上對龐茲進行了揭露和批判，他用資料說明，如果查理斯・龐茲的投資項目是真的，那麼現在在美國境內能夠找到的郵政回信券將超過1.8億枚，但是美國郵政局表示，當時美國境內只有27000多枚郵政回信券在流通。而且買賣這些郵政回信券的利潤是非常低的，因此透過買賣郵政回信券根本不可能獲得查理斯・龐茲所說的龐大利潤。

與此同時，許多後加入投資項目的投資者並沒有從查理斯・龐茲手中獲得之前約定好的利潤。因此這些人準備退出，但是查理斯・龐茲卻無法償還這些投資者的本金。因為他們的本金早就被查理斯・龐茲當做利息交給了別的投資者。於是這些遭到損失的投資者開始尋求法律保護。

投資者的起訴以及這些對證券交易公司的報導引起了人們的恐慌，然而查理斯・龐茲一面聘請律師處理起訴的相關事項，一面遊說那些擔憂的投資者。但是這些投資者的恐慌情緒難以平復，查理斯・龐茲只能夠選擇逃之夭夭。

他關閉了證券交易公司，帶著4萬多投資者的畢生積蓄開始逃亡。

很快的，查理斯‧龐茲就被警方阻止，當警擦逮捕龐茲的時候，他身上只有兩枚郵政回信券，而這就是他剩下的所有財產。聯邦政府判處查理斯‧龐茲入獄9年。

1922年，龐茲向法院起訴，隨後被保釋。美國政府顯然不歡迎龐茲繼續留在美國，而且雖然龐茲早在1903年就來到了美國，但他一直沒有獲得美國國籍，所以美國政府官員開始努力將這個不受歡迎的義大利人驅逐出境。

出獄後的查理斯‧龐茲跑到佛羅里達州進行土地投資，並承諾參與投資者都將在60天內獲得200%的利潤。後來證明，龐茲所買賣的土地是哥倫比亞縣的沼澤地。

1926年2月，佛羅里達州杜瓦爾縣大陪審團指控他違反佛羅里達信任和證券法。陪審團裁定龐茲有罪，最終法官判處他在美國佛羅里達州州立監獄服刑1年。

查理斯‧龐茲拼死逃往德克薩斯州，試圖搭軍艦偷渡義大利。但很不幸，龐茲再次被捕，美國政府拒絕他要求「遣返」的訴求，送他回波士頓再次服刑7年。

直到1934年，查理斯‧龐茲才真正地被遣返回義大利。回到義大利的龐茲利用自己的口才迷惑了當權者，進而在義大利國家航空公司巴西分公司獲得了一份差使。晚年查理斯‧龐茲偶爾擔任翻譯的工作。

1941年，查理斯‧龐茲被診斷出心臟病，他的身體狀

況開始變得十分糟糕。1948年,龐茲已經雙目失明,因為腦出血,他的右腿和手臂也已經癱瘓。1949年1月15日,查理斯・龐茲在里約熱內盧一家慈善院內去世。

在現代的英語之中,龐茲「ponzi」這個單詞不僅指的是一個姓氏,還特指龐氏騙局這種金融騙局。其實這種騙局很簡單,就是透過巨大的利益誘惑人們參與其中。起先懷疑的人也不少,但是隨著一部分人真的從中獲利,而讓那些懷疑者也放心大膽地加入其中,最終血本無歸。

■密西西比泡沫

　　從1719年5月開始，法國股票價格連續上升了13個月，股票價格從500里弗爾漲到一萬多里弗爾，漲幅超過了20倍。

　　很多人都相信，法國經濟進入了飛速發展的階段。然而這只不過是一場浮誇的金融泡沫騙局。從1720年5月開始，法國股市崩潰，連續下跌13個月，跌幅為95％。法國經濟體系一夜之間毀於一旦。

　　17世紀，歐洲各個國家都認識到金錢是十分重要的，法國的路易十四也啟用了科爾伯進行經濟改革，推崇重商主義。也就是把資本主義經濟的經營性與政治聯繫在一起。其中路易十四用的最重要方式就是公司透過國家的特殊優惠條件壟斷獨占許多遠端貿易。與此同時，路易十四還在1673年頒布了世界上最早的國家立法《商事條例》，正式以制定法的形式取代了自由貿易時代的商業慣例和商事習慣法，而且還首創了核准主義。所謂的核准主義，就是指公司成立除了合乎相關的法律規定以外，還需要獲得指定

的行政官署核准。就在這個關鍵的時刻,一個貨幣理論的天才約翰·羅出現在大家的面前。

約翰·羅的故鄉在英國愛丁堡,年輕的時候接受過良好的政治經濟學教育。也許是因為年少輕狂,在1694年與他人的一場決鬥中犯下了殺人罪,不得不逃離了家鄉。

他在歐洲各國流浪的時候仔細觀察了各國的銀行、金融機構和保險行業。這系列特殊的經歷讓約翰具備了獨特的經濟視角和金融理論。他的觀點和許多18世紀的經濟學家都一樣,認為在就業不足的情況下,增加貨幣供給可以在不提高物價水準的前提下增加就業機會,並增加國民產出。等到產出增加,貨幣的需求就會有所增長。另外,一旦實現了充分就業,貨幣擴張就能夠吸引大量的外部資源,進而進一步增加產出。

約翰認為紙幣本位制比貴金屬本位制更好,紙幣本位制具有更大的靈活性,給了發行貨幣的銀行更多的運轉空間和控制宏觀經濟的能力。也就是說採用貴金屬本位制,發行貨幣要看手上有多少金銀等貴金屬,這樣就大大縮減了銀行的自主性。

在這個世界上,貴金屬的儲存量是非常有限的,在短時間內,如果沒有發現大規模的礦山資源,想增加金銀的供給是非常困難的。相反的,紙幣本位制就避免了這個限制,只要國家金融部門允許。啟動銀行的印刷機,想印多少紙幣都可以。但是紙幣本位制是有利有弊的,在增強了金融

貨幣政策影響力的同時，也帶來了導致通貨膨脹的危險。

約翰‧羅的觀點，是擁有了貨幣發行權的銀行就應該提供生產信貸和足夠的通貨來保證經濟繁榮。他所說的貨幣供給中，就包含了政府法定貨幣、銀行發行的貨幣、股票和各種有價證券。約翰‧羅的觀點十分新穎，我們已經能夠在其中看到當代供給學派和貨幣學派的端倪，著名的經濟學家彼得曾經高度讚揚過他，說約翰‧羅的金融理論讓他在任何時候都可以躋身於第一流貨幣理論家的行列之中。

法國當時的經濟狀況已經瀕臨崩潰，國庫的枯竭和國際債務的負荷已經讓政府透不過氣來。在這樣的時局下，約翰‧羅提出的主張一下子變成了整個政府經濟體制的救命稻草。

約翰‧羅的主張可以有效解決法國目前面臨的經濟問題，他認為擁有貨幣發行量的銀行應有權利管理國家的稅收，並以稅收和不動產為基礎發行貨幣，以保證提供足夠的通貨來支持經濟繁榮和進行宏觀調控，所以他主張發行貨幣。

按照目前的情況來看，這種銀行紙幣發行論正好可以解決法國政府面臨的財政困境、國債資金融通問題，所以他的這個想法得到了法國政府攝政王奧爾良公爵（腓力二世）的首肯。

1716年5月，約翰‧羅經過法國政府特許，建立了一個可以發行貨幣的私人銀行，這個銀行發行的貨幣可以用來

繳稅。銀行在約翰‧羅的經營下業務穩定增長，幣值也一直很穩定。而當時的金銀價值卻因為政府的干預時常出現貶值的現象。就這樣，約翰‧羅的銀行在人們心中的信譽度越來越好，很快的，他不僅壟斷了菸草銷售業務，還開始了鑄金幣、銀幣等業務。1718年12月，這個私有銀行終於被國有化為皇家銀行。

因為當時法國政府強烈推崇重商主義，約翰‧羅從1717年就開始日益獲得各種貿易特權，以致於他建立的密西西比公司，擁有與密西西比河寬闊流域和河西岸路易斯安那州貿易的獨一無二權利。不但這樣，他的公司股票還可以用國庫券購買，這引起了很多想要藉投機發筆橫財的人們關注。一直到1719年，密西西比公司又被授權在東印度群島、中國、南太平洋島嶼以及科爾伯建立的法國東印度公司所屬地進行貿易。

因為約翰‧羅的銀行擁有發行貨幣的特權，這些貨幣可以用來兌換硬幣以及付稅，所以一直受到人們的青睞和信任，銀行在開始的一段時間裡經營的非常成功，資產總額也迅速的增長。

1717年8月，約翰‧羅取得了在路易斯安那的貿易特許權，和在加拿大的皮貨貿易壟斷權。隨後他又建立了西方公司，並且在1718年取得了菸草專賣權。1718年11月成立了塞內加爾公司負責對非洲貿易。1719年約翰‧羅兼併東印度公司和中國公司，將其改名為印度公司，壟斷了法國

所有的歐洲以外的貿易。不斷對不同領域的壟斷，讓約翰公司的利益迅速的增長，這也進一步擴大了約翰的野心。

在公司改名之後，約翰新增了5萬股份，他向民眾保證每份500磅的股票每年可獲得200里弗爾收益。在當時面值500的國庫券只相當於100的實際價值，所以人們都沒能抵擋住這份收益豐厚的誘惑，至少有30萬人申請購買了5萬新股。

看到國人的熱情，約翰想趁此機會運用皇家銀行的紙幣發行能力和密西西比公司的股票實力，實踐其刺激經濟和為攝政王解除政府國債負擔的想法。按照約翰的設想，他向人們展示了一場輝煌的公司前景，讓大家對其抱有希望。緊接著密西西比公司在1719年9月12日、9月28日、10月2日分別發行了10萬股股票，每股5000里弗爾，用於償還15億里弗爾的國債。

這次股票的發行又在市場上引起了一場軒然大波，股票剛上市就被人們一搶而空。無論貧窮的民眾還是富裕的商賈，都希望能夠借助這支股票大撈一筆。股票價格在人們的期盼中一路飆升，有的時候甚至在幾個小時之內上揚10到20個百分點。其中最高的記錄是在半年之內股價從500里弗爾被炒到18000里弗爾。

全國各地的人們都紛紛加入股市，股票交易場所從早到晚變得門庭若市。這樣大的手筆，不僅使用來償還國債的貨幣很快回流到股市，而且為了配合股票投機對貨幣的需

求，皇家銀行又發行了2.4億里弗爾紙幣。

1720年初，這是約翰·羅人生中最為輝煌的一段時間。當年1月分，約翰被任命為法國的主計長和監督長。他一方面掌管著政府和皇家銀行的貨幣發行，另一方面控制法國海外貿易與殖民地的發現。他和他的印度公司負責替法國徵收賦稅，手中擁有大量的國債。緊接著，印度公司接手了皇家銀行的經營權。對於這一切，約翰·羅都是最大的受益者。

這不僅僅是從經濟利益上，縱觀人類歷史，從來沒有任何一個經濟學家能夠這樣淋漓盡致的在一個國家的層面上實踐自己的理論。印度公司的股票暴漲，這吸引了大量歐洲各國的投資，資金迅速的流通到法國市場，這也造成了暫時的經濟繁榮現象。為了進一步抬高印度公司的股票，約翰宣稱他的股票紅利與公司的真實前景無關，人們聽了如此匪夷所思而又高深莫測的理論之後，更是變得狂熱不已。

投機活動的頻繁必然促進著大批貨幣的需求，於是，跟著印度公司的股票發行，皇家銀行也不斷地發行著紙幣。約翰·羅堅信增加銀行的紙幣發行量，就可能將其兌換成股票，進而最終可以抵消國債。

1719年7月25日皇家銀行發行了2.4億里弗爾貨幣，用以支付印度公司以前發行的1.59億里弗爾的股票。1719年9月和10月，皇家銀行又發行了2.4億里弗爾貨幣。

在此之後，密西西比公司股票的價格越來越高，皇家銀

行也同步發行著越來越多的紙幣。但是世界上沒有免費的午餐，再美麗的泡沫都不會長久的被保存下去。

1720年初，孔代親王由於在要求以他個人的名義購買新上市的密西西比股票時被約翰婉拒而懷恨在心。於是就用三輛馬車拉著自己的紙幣到約翰的銀行去兌換硬幣。看到這樣的場景，人們漸漸冷靜下來，看清了股票不可能一直攀升的局勢，於是效仿親王的做法。大家紛紛到銀行兌換硬幣然後悄悄運往國外。

這件事情帶來的結果顯而易見，由於硬幣不斷地流通到國外，使得國內的硬幣流通一度出現匱乏。甚至為了解決這個困局，國家還因此訂出了一系列的法令，禁止任何人擁有超過500里弗爾硬幣，違者除了要被沒收所有硬幣以示懲罰之外，還要繳納數額巨大的罰款。與此同時，國家還嚴禁任何人購買金銀首飾、器皿和珍貴的寶石。

隨著經濟時局的巨變，密西西比的股票也跟著瞬息萬變。一路狂跌的股票讓股民們感到心寒，已經沒有人再信奉當初那個透過密西西比的股票可以一夜暴富的傳說了。

為了再次樹立大家對密西西比公司的信心，政府幾乎想盡了所有的辦法。政府宣布強制徵兵計劃，召集巴黎所有貧困潦倒的流浪漢，為他們提供衣服和工具，讓他們排成隊，肩上扛著鎬和鍬，每天都假裝通過巴黎街頭到港口等待船隻去美洲採礦。他們中的三分之二並沒有前往美洲，而是被分散到法國各地。不到三個星期的時間，他們中的

一半又回到了巴黎，出現在了人們的視線裡。

為了維持9000里弗爾的股價，約翰在1720年3月25日、4月5日、5月1日分別發行了3億、3.9億、4.38億里弗爾紙幣，這導致在一個多月的時間裡國內的貨幣流通量增加了一倍多。根據統計數字，當時在全國流通的里弗爾紙幣有26億多，但是所有的硬幣加起來還不到13億。

就像弗里德曼說過的那樣，通貨膨脹說到底就是一個貨幣現象。在大量的印發紙幣之後，通貨膨脹終於在法國爆發。1719年法國的通貨膨脹率為4％，到1720年1月就上升為23％。經濟市場的強烈震盪對大眾敲響了警鐘，那些之前信奉約翰‧羅為神話的經濟學家們也不得不表示對其的懷疑。隨著股票的暴跌，民眾的信心已經開始崩潰，在1720年1月，印度公司的股票徹底跌入谷底。

1720年5月，已經再也支撐不下去的約翰‧羅發布了股票貶值令，計劃分7個階段將股票的價格從9000里弗爾降到5000里弗爾，同時紙幣的面值開始降低，銀行也停止兌付硬幣業務。密西西比的神話就此接近了尾聲。

約翰‧羅的指令引起了人們的恐慌，他們為了保住自己現有的財產爭先恐後地拋售股票。在1720年9月，密西西比的股票已經跌到2000里弗爾，到12月2日又跌到了500里弗爾，重新回到了1719年5月的水準。

約翰‧羅無論如何也沒有想過自己竟然會落到這樣的境地，雖然他還想用盡辦法恢復民眾對他的信心，但是面對

當下的時局和暴怒的股民，他也是回天乏術。曾經把約翰‧羅捧上天才寶座的法國人民現在將其貶低為最惡毒的騙子。1720年，約翰‧羅在無力抵禦外界的巨大壓力之下，連夜逃往比利時。

法國的支付方法重新恢復了原有的以硬幣為基礎的舊體制，密西西比公司和約翰‧羅背負了應得的罪名。9年之後，約翰‧羅在極其貧病中身葬異國。

約翰‧羅曾經一度被奉為法國政府的「特聘專家」，不但主管政府財政和皇家銀行的貨幣發行，而且還控制著法國海外貿易與殖民地的發展。在他一手導演的這齣大劇當中，政府大量發行紙幣，製造了虛假的經濟繁榮，最終引起了通貨膨脹。

泡沫終究會破滅，現實還是異常的殘酷，通貨膨脹幾乎可以等同於濫發貨幣，同樣的，貨幣的貶值和政府的失信也是一樣的。一時的繁榮並不能代替永久的昌盛，財富是一點一滴累積起來的，信用同樣也需要用心慢慢的經營。約翰‧羅對於大眾來說是一個騙子，但也是一個巨大的警示，虛假的繁榮必然導致最終的經濟崩潰，踏實的累積才能最終成就堅固的帝國。

虛報財務安隆事件

　　安隆公司曾是世界上最大的綜合性天然氣和電力公司之
一，但是安隆居然會在一夜之間宣告破產，其股價也從90
美元迅速下滑到0.26美元。事實證明，該公司的一切輝煌都
只是虛假的外殼，安隆事件只是一場持續了30多年的建立
在虛假帳目之上的金融騙局。

　　其實安隆公司最開始是一家很可靠的公司，它成立於
1930年，最初名為北部天然氣公司，是由北美電力電燈公
司、孤星天然氣公司以及聯合電燈鐵路公司這三家公司合
資組建的公司。1941至1947年間，隨著該公司股票上市，
公司的股權漸漸分散。不久之後，由於控股股東的介入，
北方天然氣公司很快就成為了歷史。

　　「Inter North」公司總部位於美國內布拉斯加州奧馬哈
市，是專門從事天然氣管道的能源公司，該公司擁有北美
地區最大的天然氣管道。1979年，「Inter North」公司成為
北方天然氣公司、北方液體燃料公司、北方石油化工、北

方液化天然氣公司和北方邊境管道公司這五家公司的控股
股東，隨後其簡單地改名為「HNG/Inter North」。

1985年，「HNG/Inter North」公司成功地收購了競爭
對手休士頓天然氣公司，並將公司名字正式改為「安隆」，
並由肯尼斯·萊出任安隆公司CEO。

而這位安隆公司的CEO，就是安隆事件的幕後黑手，也
正是在他的經營下，安隆公司才製造了如此聳人聽聞的金
融詐騙騙局。

上世紀的80年代末之前，安隆公司的主業並沒有任何變
化，依然從事美國全國的電力、天然氣的配送，負責維護
和操作橫跨北美的天然氣與石油輸送管網路。並在世界範
圍進行電廠的建設、管道鋪設等基礎建設。

隨著美國政府在80年代後期解除對能源市場的管制，激
發了能源期貨與期權交易的蓬勃興起。安隆於1992年創立
了「安隆資本公司」，拓展其能源零售交易業務，並涉足
高科技賽頻產業。

安隆從一家主營天然氣、石油的傳輸公司變成一個類似
美林、高盛的華爾街公司，旗下事業包括電力、天然氣銷
售、能源和其他商品配銷運送，以及提供全球財務和風險
管理服務，在全球擁有3000多家子公司，控制著全美20％
的電能和天然氣交易。

1999年11月安隆公司還開通了線上服務——安隆線上。
安隆線上是第一個在全球的商家中實現線上交易的系統，

但是這個系統只允許使用者與安隆公司進行交易，侷限性十分明顯。而且沒人知道，安隆公司退出安隆線上的真正目的，只是為了緩解安隆公司已經陷入資金鍊斷裂的困境。

1998年安隆公司又在休斯頓成立了阿祖克斯公司，進軍供水服務行業。1999年6月阿祖克斯公司在紐約證交所部分上市。該公司負責人為麗蓓嘉‧馬克，主要負責在南美洲阿根廷等地提供供水服務。該公司上市初期的股價一度保持在22美元，擁有很好的發展前景。然而2001年，阿祖克斯的股價突然暴跌到2美元左右，這讓之前那些預言其將由發展希望的專家跌破眼鏡。

和子公司阿祖克斯一樣，早期的安隆公司對外宣稱公司一直保持著健康成長，並稱公司透過率先將電力、電信等業務及附屬業務轉化成可以買賣的金融產品，甚至包括非同尋常的「氣候衍生產品」等產品，進而使其業績遙遙領先其他同行。

2000年安隆的銷售額達到1000億美元，淨利潤9.79億美元，名列《財富》雜誌「美國500大」的第七名。並且《財富》雜誌自1996年到2001年，持續6年將安隆評為「美國最具創新精神公司」，甚至其所獲投票遠遠高於微軟、英特爾這些大公司。2000年安隆更被該雜誌評為「全美100最佳雇主」，在華爾街眾多精英之中，安隆公司裝修奢華的辦公室，也獲得了所有人的讚美。然而一切讚美都將結束，人們馬上就會知道，安隆公司的一切榮華都只不過是弄虛

作假。

2001年3月5日，《財富》雜誌發表了一篇題為《安隆股價是否高估》的文章，該文章可以稱為是安隆公司崩潰的導火線，文中首次對安隆公司2000年度的股價，及其不可思議的利潤增長速度提出質疑，同時指出安隆公司自己提供的財務資料過於繁瑣和混亂不清。而繁瑣的帳目，十分方便安隆公司從中做假帳。

2001年3月28日，安隆公司的新任CEO傑佛瑞·斯基林還在美國公共電視網上宣稱「我們是好人，是天使的一面。」然而，隨著民眾對安隆公司資金運作的懷疑愈加強烈，安隆公司即將面臨越來越多的質疑。

4月17日，華爾街分析師理查·格魯曼向傑佛瑞·斯基林抱怨：「你知道嗎？你們是唯一一家不能提供現金流量表和資產負債表的企業。」而傑佛瑞·斯基林的回答堪稱『經典』：「非常感謝你，我們對此表示讚賞……混蛋」

5月6日，波士頓一家證券公司發表了一份針對安隆公司的風險評估分析報告，並在報告中建議投資者賣掉安隆股票以及不要輕信安隆公司公布的財務利潤。報告裡舉出大量資料證明安隆公司自己公布的帳目十分不可信。根據調查，安隆公司的營運率已經從1996年的21.15％跌至2000年的6.22％。除此之外透過調查，他們還發現安隆公司正高價把一批光纖電纜出售給一家關聯企業來提高其預期利潤。

7月12日，安隆公司公布了其第二季度的財務狀況。隨

後，安隆公司與分析師、投資者、基金管理員召開了一次電話會議，會上面對眾多分析師及投資者關於公司不動產投資項目的大幅波動及幾筆關聯交易的質詢，安隆公司的CEO傑佛瑞・斯基林均予以搪塞，語焉不詳。

會議之後，媒體和多位買方分析師進一步分析跟蹤報導了安隆內幕，面對壓力，8月中旬，時任安隆CEO僅八個月的傑佛瑞・斯基林突然宣布辭職，這更加深了媒體對安隆的質疑。

隨後，《華爾街日報》連續發表文章，披露出和安隆公司有關聯的許多企業的細節，以確鑿的資料指出安隆透過關聯企業間的高價交易製造虛假利潤，以及安隆的財務總監是某些關聯企業及其他一些同類實體的主要股東或總經理等事實。在這些事實的影響之下，安隆公司的股價一路下跌。

然而即便是這個時候，那些持有安隆公司股票的投資者還不願相信安隆公司其實是一個沒有盈利，且一直在虧損的公司。到2001年8月15日，安隆的股價已經跌至42美元一股。許多投資者仍舊深信安隆公司高層的宣傳，認為安隆股票將會引領市場，很快的股價就會重新上升。到10月底，安隆公司的股價已跌至15美元，而很多投資者卻視此為一個買入安隆的良機，只因為肯尼斯・萊不斷在媒體上鼓吹安隆公司未來的發展前景，並為投資者們加油打氣。

雖然肯尼斯・萊一直否認安隆公司的運營有任何問題，

但是他的說辭不可能讓所有人都信服。有人根據安隆公司近期的財務報表進行分析並指出，雖然安隆公司的業務看起來很輝煌，但實際上賺不到什麼錢，也沒有人能夠說清楚安隆是怎麼賺錢的。據他分析，安隆的盈利率在2000年為5％，到了2001年初就降到2％以下，對於投資者來說，投資回報率僅有7％左右。

而且作為安隆公司的前任首席執行官，傑佛瑞・斯基林一邊不斷地宣稱安隆的股票會從當時股價一直飆升至126美元，一邊卻不停地在拋出手中持有的安隆股票。但是按照美國法律規定，公司董事會成員如果沒有離開董事會，就不能拋出手中持有的公司股票。這一切行為都讓人感到反常。

不過即便如此，大量的投資者還是沒能看穿安隆公司的騙局，仍然願意投入安隆，這是因為安隆公司所提供的各項報表都讓投資者感到十分放心。根據安隆公司自己公布的財務報表顯示：2000年第四季度，「公司天然氣業務成長翻升3倍，公司能源服務公司零售業務翻升5倍」；2001年第一季度，「季營收成長4倍，季營收已經達到了連續21次的盈餘增長」等。在安隆公司，衡量業務成長的單位不是百分比，而是倍數，這讓所有投資者都笑顏逐開。

之所以投資者一直沒能察覺安隆公司的虧損，就是因為這些資料良好的財務報表。然而2001年10月16日安隆公布的第二季度財報卻突然宣布公司已經虧損，而且虧損總計居然達到了6.18億美元，即每股虧損1.11美元。同時首次透

露因首席財務官安德魯・法斯托與合夥公司經營不當，公司股東資產縮水12億美元。

2001年10月22日，美國證券交易委員會也發覺安隆公司的交易存在問題，要求安隆公司自動提交某些交易的細節內容。並最終於10月31日開始對安隆及其合夥公司進行正式調查。

2001年11月1日，安隆抵押了公司部分資產，獲得J.P摩根和所羅門史密斯巴尼的10億美元信貸額度擔保，以期能夠獲得良好的信用評級。但是世界最大的金融管理諮詢公司之一美林和世界權威金融分析機構標準普爾公司仍然再次調低了對安隆的評級。

2001年11月8日，安隆公司管理層被迫承認他們在公司的財務報表上做了假帳，其虛報數字讓人瞠目結舌：自1997年以來，安隆虛報盈利共計近6億美元。

2001年11月9日，迪諾基公司宣布準備用80億美元收購安隆，並承擔130億美元的債務。當天午盤安隆股價下挫0.16美元。

2001年11月28日，標準普爾再次將安隆公司的債務評級調低至「垃圾債券」級。

2001年11月30日，安隆股價跌至0.26美元，公司市值由高峰時的800億美元暴跌至2億美元左右。

2001年12月2日，安隆公司正式向破產法院申請破產保護，破產清單中所列資產高達498億美元，成為美國歷史上

最大的破產企業。當天，安隆還向法院提出訴訟，聲稱迪諾基中止對其合併不合規定，要求賠償。

事已至此，被安隆公司欺騙的受害者已經看清了安隆公司的嘴臉。一直隱藏在安隆背後的合夥公司也開始浮出水面。經過調查，這些合夥公司大多被安隆高層官員所控制，實質上這些公司相當於安隆公司的子公司，但是這些公司的財務報表永遠不會被其他人看到。安隆公司將巨額的對外貸款劃到這些公司的名下，然後再用這些貸款去運營。因此背負資產負載的永遠是這些隱藏起來的小公司，而這些公司的一切虧損都不會出現在安隆的資產負債表上。這樣，安隆高達130億美元的巨額債務就不會為投資人所知，而安隆的一些官員也從這些合夥公司中牟取私利。

最讓投資者氣憤的是，顯然安隆的高層對於公司運營中出現的問題非常瞭解，但長期以來這些管理者都對這些情況心知肚明卻又刻意隱瞞。包括安隆公司前首席執行官傑佛瑞·斯基林在內的許多董事會成員，一方面鼓吹股價仍將繼續上升，一方面卻祕密拋售公司股票。而公司的14名監事會成員有7名與安隆關係特殊，要麼正在與安隆進行交易，要麼供職於安隆支持的非盈利機構，暗中也在助推安隆公司的各種非法活動。

安隆公司被披露其虛報帳目的行為，同時安隆事件也讓其審計公司安達信面臨著被訴訟的危險。安達信曾經是位列世界第一的會計師事務所，然而其作為安隆公司財務報

告的審計者，既沒審計出安隆虛報利潤，也沒發現其巨額債務。2001年6月，安達信曾因審計工作中出現欺詐行為被美國證券交易委員會罰了700萬美元。安隆公司假帳騙局事發之後，安達信再次被罰，最終不得不宣告破產。

2005年12月28日，安隆公司前首席會計師理查·考西向法庭認罪，承認他在操作安隆公司各項財務時存在欺詐行為。他被法院判處7年刑罰並罰款125萬美元。法院告訴理查·考西，如果他能夠在審判的時候指證肯尼斯·萊和傑佛瑞·斯基林的話，他的刑期將被縮減到2年。

2006年1月，美國法院對安隆公司創始人、安隆董事長肯尼士·萊和前首席執行官傑佛瑞·斯基林、進行審判，一同受審的還有公司前首席會計師理查·考西。法院為安隆事件這起金融騙局所準備起訴書長達65頁，其中涉及53項指控，包括騙貸、財務造假、證券欺詐、電郵詐欺、策劃並參與洗錢、內部違規交易等。

肯尼斯·萊為自己準備無罪辯護，他宣稱對自己所面對的11項指控毫不知情，直到醜聞曝光，他才知道安隆公司的具體操作，在那之前他完全被手下誤導了。美國證券委員會準備對肯尼斯·萊處以9000萬美金以上的罰款，這筆罰金還不包括股民提出的的賠償要求。同時，美國證券委員會還將取消肯尼斯·萊今後在任何上市公司擔任管理職務的資格。

2006年5月25日，肯尼斯。萊被休士頓地區聯邦法院判

決有罪,其被指控的六項欺詐和共謀罪行成立。與此同時,傑佛瑞・斯基林所涉19項包括詐騙、共謀、內部交易和欺騙審計師等罪名成立,另有9項涉嫌內幕交易罪名不成立。此外,在另外一樁涉及銀行詐騙的案子裡,肯尼斯・萊也被裁定犯下4項控罪。

2006年7月,64歲的美國安隆公司創始人肯尼斯・萊在科羅拉多州渡假期間突然去世。他的牧師稱,肯尼斯・萊死於心臟病。可以說肯尼斯・萊是幸運的,如果這位安隆事件騙局的主導者之一沒有在入獄前去世的話,他的後半生很可能會在監獄中度過。

阿爾巴尼亞的「金字塔」

　　自詡地處「亞歐戰略要衝」的阿爾巴尼亞，在霍查統治時期在全國修建了大約200萬個碉堡。人們經常懷疑對於這個僅有300萬人口的最貧困歐洲小國來說，修這麼多鋼筋混凝土的碉堡有什麼意義。不過這一切疑問在1997年終於煙消雲散了。

　　這一年初，歷時5年的阿爾巴尼亞高息集資「金字塔」金融騙局轟然坍塌，幾乎失去一生積蓄的投資者，由最初的示威遊行發展到衝擊政府機關和執政黨辦公大樓，搶劫商場，燒毀銀行，其間發生多起流血事件。危機的深化，使那些原本無用的碉堡很快就派上了用場。一些城市的示威者在搶奪了大量槍支之後，就以堅固的碉堡為依託，準備鬧個天翻地覆，整個國家瀕臨崩潰。

　　1991年，阿爾巴尼亞經濟模式發生變化，從「閉關鎖國」一樣的封閉經濟，向市場經濟轉變。而由於之前阿爾巴尼亞經濟過於封閉，導致其和外界經濟完全隔絕。在這

種封閉環境下，阿爾巴尼亞的國民對賺錢這回事一竅不通。也因此，那些金融詐騙犯們才決定在這個民風淳樸的國家進行「金字塔」金融詐騙。

透過改變經濟模式，阿爾巴尼亞的經濟狀況得到明顯改善，國民生產總值獲得顯著提升。然而這種經濟良好的狀況僅僅持續了幾年。1996年年初，一些制度上的問題開始浮現，阿爾巴尼亞各個企業結構改革開始出現停滯，其中對國民經濟起著關鍵性作用的銀行等部門影響最大。

1996年5月阿爾巴尼亞即將進行議會選舉，政府為了在這個關鍵時期穩定局面、籠絡人心，決定在選舉前為產業部門工人和政府雇員加薪，並延遲增值稅方案的實施，這些舉動在表面上讓國家看起來富裕，但實際上卻造成了政府虧損，財政赤字激增，甚至出現了通貨膨脹的現象。

選舉結束，阿爾巴尼亞民主黨繼續執政，但是很多人都懷疑民主黨在選舉之中存在舞弊行為。國家財政危機和選舉醜聞讓國民對政府失去信任。而這也成為阿爾巴尼亞政府對各種金融犯罪監管不嚴和查處不力的一個重要因素。

1996年9月，阿爾巴尼亞各個銀行之間的資金劃撥速度遲緩，如果你想在同一家銀行異地劃撥10萬列克的款項，你就需要等5到6天。如果你進行跨行劃撥，整個過程甚至需要半個月。這些問題十分嚴重，因此《歐洲貨幣》雜誌將阿爾巴尼亞的國有銀行評為1995年中南歐地區最差的銀行。在這種情況下，公眾和中小企業更願意持有現金，以

便於結算並等待其他投資機會。

在國有銀行劃撥款項耗時過長，官方信貸市場供給不足的同時，非官方的信貸市場卻異常發達。官方信貸市場供給不足的原因並不是貸款利率水準過低，而是國有銀行的放貸受到政府限制。

由於中央銀行的審查監管制度不成熟以及銀行內控機制的缺陷，更重要的是因為傳統上產權關係的模糊，1990年以來國有銀行對礦產、紡織等傳統部門的國有大企業的貸款呆、壞帳嚴重，1994年年底，三大國有銀行中前兩家的呆、壞帳占到總貸款的50％以上。

為了防止銀行資產狀況的進一步惡化，1994年底阿中央銀行決定採用銀行貸款配額制，國有銀行只能對合格貸款申請的45％發放貸款。這種硬性的貸款配額和嚴格的審批，限制了中小企業從國有銀行獲取貸款的金額。

為了獲得足夠的貸款金額，這些中小企業只能選擇在非官方信貸市場籌集資金，以進行生產或購買正轉為私有化的國有企業。1996年一項對200家阿爾巴尼亞企業的調查顯示，36％的企業正在非官方信貸市場融資。

非官方信貸市場在阿爾巴尼亞經濟進入轉軌期後不久就出現了，參與者主要是一些打著貿易公司的旗號從事外匯交易和存貸款業務的私人公司，而這些公司的存貸款業務通常都未向監管部門註冊。這些公司的存貸款利率一般高於國有銀行，透過媒體廣告招攬儲戶，成為公眾存款向私

營工商企業流動的重要管道。

雖然這些存貸款公司的業務屬於違規，但鑑於它們在一定程度上彌補了國有銀行的缺陷，滿足了中小企業的貸款需求，阿爾巴尼亞政府和國際貨幣基金組織都認為這些公司對經濟增長做出了貢獻，因此對這些公司的態度比較寬容。

從1992年開始，一部分存貸款公司漸漸停止向工商企業放貸，轉而將透過高利率吸收的存款用於其他投資，實際上這些公司已轉變成了金字塔集資公司，其資金大量用於外匯投機、房地產炒作、倒賣緊缺物資，有的金字塔集資公司甚至將吸收來的資金用於走私、偷渡、販毒等違法犯罪活動。金字塔集資公司的數目和規模大幅增長。同時許多新公司也紛紛組建起來，專門從事金字塔集資。

阿爾巴尼亞國內監管當局一直都沒有對非官方信貸市場上的存貸款公司與金字塔集資明確地進行區分，當時國際貨幣基金組織、世界銀行也未能對二者有個準確的界定，因為它們都從事未經註冊的金融活動且不受任何監管。

所以，國際貨幣基金組織、世界銀行最初只是把這種吸收存款用於自身投資活動的公司，作為非官方信貸市場的一部分而未加特別關注，1995年年底針對阿爾巴尼亞金融市場缺陷提出的建議，也僅限於在吸收非官方信貸市場積極因素的基礎上盡可能改善官方金融體系。直到1996年年中國際貨幣基金組織才開始關注金字塔集資公司的規模及活動。

　　1995年2月，阿爾巴尼亞透過的一項新法律規定「除銀行外的任何企業及個人均無權接收家庭戶的活期存款，以及1年期以下的定期存款」。這項法規明顯是針對那些存貸款公司，用來限制這些公司的營業範圍，避免它們影響阿爾巴尼亞的銀行運營。根據這條法規，阿爾巴尼亞中央銀行認為，市場上的許多集資公司顯然違背了新法，並要求政府對這些公司進行查處。

　　但阿爾巴尼亞的首席檢察官則認為，新的法規並不適用於這些「幫助特定項目進行融資」的公司，而司法部又拒絕對存貸款公司合法與非法的資金用途做出明確的解釋。同時，很多的政府官員自己也透過購買集資公司的原始股而從金字塔集資中大量獲利，並與金字塔集資公司來往密切。因此，1997年以前沒有一個政府部門對金字塔集資進行過有效的監察與處理。

　　1996年選舉期間，一些金字塔集資公司還大力支持執政的民主黨，為民主黨候選人的宣傳活動支付廣告費用，作為回報，某些資深政府官員經常出席金字塔集資公司舉辦的大型宣傳聚會。1996年11月，當金字塔集資已開始出現崩潰跡象時，阿爾巴尼亞的政府高官還參加了阿爾巴尼亞最大的金字塔集資公司的5周年慶典。

　　1996年，阿爾巴尼亞的金字塔集資活動也到達了最高峰，集資活動在當年到達最高峰有兩個觸發因素：其一，1995年12月聯合國暫停了對南聯盟的制裁，由於南聯盟被

制裁期間主要依靠從阿爾巴尼亞等國走私石油，所以制裁暫停之後，許多靠走私石油等商品起家的貿易公司巨額收入源被切斷。這些貿易公司的營運資金，大多是靠高額利息吸引儲戶存款所得，所以失去走私所得收入後，這些公司不得不委託金字塔集資公司抬高利率吸引新儲戶，以償還到期存款。

其二，在1996年5月舉行的議會選舉期間，由於執政的民主黨連任前景的不確定性和公眾對經濟前景的憂慮，一些金字塔集資公司將月利率提高到8％水準以留住儲戶，引起了各個金字塔集資公司間的利率大戰，金字塔集資的參與人數和集資總額都快速增加。

此外，執政的民主黨在取得連任後，被指控在選舉中存在舞弊行為，因而處事格外小心，不敢對民生經濟採取大手筆，所以民主黨對規模不斷擴大的金字塔集資採取了極其保守的縱容態度，這也是金字塔集資在1996年下半年達到瘋狂程度的原因之一。

到了1996年6月，阿爾巴尼亞的金字塔集資愈演愈烈，金字塔集資公司共有將近100家，全國一半的人口被吸引進來。在各大金字塔集資公司中，有些有實業背景，這些公司或是以貿易公司的名義註冊，或是宣稱公司從進出口貿易中獲利豐厚。以此打消投資者的疑慮，增加民眾對投資的信任。除了這些擁有實業背景的公司，更多的金字塔集資公司則完全無實業背景，這些公司大多數都以「福利基

金」為名義申請註冊。

1996年7月，各個集資公司之間展開了利率大戰，這些公司為了吸引更多的儲戶，紛紛提高了月利率。最瘋狂的時期，集資公司甚至許諾將讓儲戶獲得41％的月利率。

截止11月，各個集資公司的總負債額已達12億美元，相當於阿爾巴尼亞1996年GDP的一半以上。而阿爾巴尼亞的國民在高額的利率面前形同瘋狂，他們紛紛排隊等待存款，有的甚至賣掉房子和土地加入集資大潮。

雖然從1996年年初，阿爾巴尼亞中央銀行每月都向政府提供有關金字塔集資公司的利率水準和參加人數的情況，但由於政府一直認為有實業背景的公司與「純粹金字塔集資公司」是有區別的，因此阿爾巴尼亞總統莎薩利‧貝里沙等政府高官還在為這些公司的合法性進行辯護。

從1996年年初開始，國際貨幣基金組織、世界銀行就十分關注阿爾巴爾亞的金字塔集資情況。6月分以前，國際貨幣基金組織根據俄羅斯MMM公司集資案的經驗，提醒阿爾巴尼亞政府關注金字塔集資參與洗錢等非法活動對經濟的影響。

到1996年年中，國際貨幣基金組織和世界銀行都意識到了局勢的嚴重性，認為金字塔集資活動已達到威脅阿爾巴尼亞宏觀經濟的程度。8月分，一個世界銀行代表團抵達阿爾巴尼亞，代表團與阿爾巴尼亞中央銀行共同研究了阿爾巴尼亞6、7月分的貨幣供應量資料。

一週後代表團致信總統闡明了金字塔集資的危害性，並敦促其立即採取清理措施。但阿爾巴尼亞政府一直無所作為，直到10月分阿爾巴尼亞中央銀行發現一家集資公司的負債額已經相當於阿爾巴尼亞1995年GDP的5％，阿爾巴尼亞政府才成立了一個議會特別委員會負責調查金字塔集資公司的經營情況，試圖對其財務狀況進行披露。但整個調查的重點卻還是所謂的「純粹金字塔集資公司」。而此時許多集資公司的資金狀況都變得非常緊張，整個金字塔集資體系即將崩潰。

1997年1月，多家金字塔集資公司相繼宣布破產，大型集資公司的接連倒閉動搖了人們的信心，引發了提取本息的風潮。尚未倒閉的公司資金狀況也極其艱難，他們尋找各種理由延遲支付。不久後，絕大部分公司即停止任何支付，許多集資公司頭目開始外逃。

這一切給阿爾巴尼亞公眾帶來巨大的震動與損失，受騙的儲戶紛紛舉行遊行示威，最終引起蔓延全國的暴亂。為了穩定局面，阿政府採取了緊急措施，凍結金字塔集資公司總值約2.5億美元的資產，防止這些資金透過非法途徑流向國外；同時阿爾巴尼亞中央銀行還限制企業從銀行的日提款量上限為3000萬列克，以防止其他金字塔集資公司的資金流失。

1997年2月，議會緊急透過一項禁止金字塔集資活動的法律，但未能給出「金字塔集資」明確的定義；政府也繼續

堅持認為有實業背景從事金字塔集資活動的公司,不同於純粹的金字塔集資公司,繼續對那些擁有實業背景的大公司採取了姑息縱容的態度,以致在暴亂最嚴重的時候,這些公司仍在電視上大打廣告。

阿爾巴尼亞政府的緊急措施無疑力度太小。到1997年3月政府已失去了對南部地區的控制,南方的暴亂勢力在奪取武器後與忠於總統的軍隊形成對峙,阿爾巴尼亞政治局勢進一步動盪。為逃避戰亂,大量阿爾巴尼亞人偷渡到義大利。

同時,阿爾巴尼亞貨幣列克對美元匯率下跌近40%,通貨膨脹率達28%,工業生產與對外貿易趨於停滯。即使在這種情況下,一些大金字塔集資公司還聲稱自己有償債能力,拒絕被司法部查封,受民主黨控制的議會對金字塔集資的清理也大加阻撓。

1997年3月,在國際社會的支持下,由全體政黨參加的阿爾巴尼亞臨時聯合政府成立,首先恢復了首都及北部地方秩序,隨後在國際貨幣基金組織、世界銀行和歐盟的幫助下開始恢復稅收,並實行嚴格的金融管制。

臨時政府還將增值稅率由12.5%提高到20%,開始實質性的經濟結構改革。為了避免重新引起社會動盪,在國際貨幣基金組織的建議下,臨時政府決定暫緩金字塔集資的清理工作,凍結所有現存的金字塔集資公司資產,停止任何支付活動,主要人員不得離境。

到1997年下半年，阿爾巴尼亞政治與經濟重建初見成效，工業產出和貿易額開始回升，列克匯率上漲20％，通貨膨脹率降到11％，財政赤字自1995年以來第一次得到控制。

1997年7月，新一屆議會選舉產生的5黨聯合新政府開始著手清理金字塔集資，但政府內的多黨派格局使得對遺留的金字塔集資公司的清理相當困難。為了實行公正透明的清理，在世界銀行和國際貨幣基金組織的建議下，新政府決定聘請一批外國專家協助審計與清算。

但由於部分新當選議員過去也與金字塔集資公司有牽連，致使一項旨在任命外國金融專家負責清理的法案直到9月分才被通過。該法案規定，所有金字塔集資公司一概由議會選派的託管專員接管;託管專員有權獨立處理任何事務，包括決定公司是否繼續運營、債務的賠償、資產的變賣、員工的處理以及任何與金字塔集資有關的負責人的財產的處理;專員有權宣布任何法人對任何集資活動的擔保無效。

可是，由於受大金字塔集資公司在議會關係人物的阻撓，直到1998年3月託管專員才完全接管了所有的金字塔集資公司，開始了金字塔集資公司資產追回、變賣、存款憑證認證、存款返還比例確定等一系列工作。

為防止金字塔集資活動的再次發生，1998年6月，議會通過了在國際貨幣基金組織說明下起草的明確規定，非金融機構不得吸收存款的《銀行系統法》，最大的幾家儲蓄銀行也在外國專家監管下重新開始規範化運作，修改後的

《公司法》及其他一些商業法規也將存款公司視作非法。

但是，由於各項有關清理新法令的通過與執行遲緩，1997至1998年，一些集資公司的頭目還是透過種種管道轉移了一部分資金。另外，集資公司帳目及各種憑證缺損嚴重，再加上低迷的經濟環境使變賣資產尤其困難，所以到2000年年底金字塔集資公司遺留資產的清理工作仍未完全結束。

阿爾巴尼亞金字塔集資公司在頂峰時總債務達20億美元，占1996年阿GDP的60％以上。一般認為，規模如此巨大的集資浪潮，會對一國經濟造成不小的影響，比如金字塔集資活動產生的財富效應，會使公眾認為自己擁有的財富大於實際值，因而對商品和貨幣的需求增加，引起產出增加、通貨膨脹率上升和經常項目逆差；

金字塔集資崩潰後，公眾的帳面財富急劇減少，對貨幣和商品的需求會相應減少，產出和通貨膨脹率下降，經常項目狀況得到改善。透過下面的分析可以看到，阿爾巴尼亞金字塔集資，對經濟的實際影響比較複雜，難以做出一般性的結論。

就通貨膨脹率而言，從1996年年初到年末，阿通貨膨脹率由6％上升到17％，但由於議會選舉前民主黨政府實行擴張性財政政策，大幅增加工資、降低稅收，推動了通貨膨脹率的上升，所以要明確1996年金字塔集資風潮本身對通貨膨脹率的直接影響比較困難。

金字塔集資對阿爾巴尼亞造成的影響是多方面的：一方面，大量工人依靠金字塔集資的利息生活，工廠出勤率降低40％，對工業生產造成嚴重影響;另一方面，阿南部農民為投資金字塔集資，大量宰殺牲畜換取現金，農業產出大幅增加;此外，1996年阿高檔消費品企業，則在消費熱潮的刺激下滿負荷開工，產出上升20％以上。所以，金字塔集資對不同部門的產出的影響是有差別的。

阿爾巴尼亞的金字塔集資案件堪稱世界上規模最大的集資案件。其涉及金額占據了阿爾巴尼亞國民生產總值的三分之二，影響巨大，甚至掀起了一次暴亂。

金字塔集資公司能夠在阿爾巴尼亞獲得如此龐大的收益，歸根結柢是因為民眾的貪念以及政府的不作為。當時阿爾巴尼亞的民主黨，一味相信擁有實業背景的集資公司不可能是金字塔集資公司，而且一大部分政客也從公司手中收取了好處。阿爾巴尼亞的民眾也被高額的利益沖昏了頭腦，才導致他們花光積蓄也要繼續投資。這場金融騙局堪稱騙倒了一個國家。

翻世界有錢人的麥道夫

「當你在高爾夫球俱樂部打球或吃午飯時，所有人都在講麥道夫如何幫他們賺錢。」一位不願透露姓名的投資者說，「所有人都想加入麥道夫。」有人不惜花25萬美元年費，加入棕櫚灘鄉村俱樂部或老橡樹高爾夫球會，只是為了有機會與麥道夫碰面。

投資者們將麥道夫視為傳奇，甚至開玩笑地說，如果麥道夫是騙子，他將把全世界一半人拖下水。不幸的是，這個玩笑竟然成真。曾有人提出過質疑，但是他們得到的答覆往往是：「內部消息。」不少人因為打聽「內部消息」，被親切的「伯尼」踢出了局。

伯納德・麥道夫是美國金融界一位著名的經紀人，也是那斯達克前主席，但同時他還是美國歷史上最大的詐騙案製造者。他花費了長達20年的時間精心炮製了美國有史以來最大的詐騙案，法國巴黎銀行、歐洲銀行巨頭滙豐銀行、日本野村證券等世界知名金融機構在此次騙局中損失慘重。

2009年6月29日，麥道夫被紐約聯邦法院判處150年有期徒刑。

伯納德・麥道夫出生在紐約的一個猶太人家庭，1960年，從紐約霍夫斯特拉大學法學院畢業後的他，靠利用暑假打工當救生員和安裝花園噴水裝置賺來的5000美元，還向妻子露絲的父親借了個辦公室，創立了伯納德・麥道夫投資證券公司，從事證券經紀業務。證交委員會從來沒聽說過有人用5000美元起家的，因此當時麥道夫的經歷被人們視為奇蹟。

經過多年的摸爬滾打，麥道夫憑藉其聰明才智漸漸成為了華爾街經紀業務的明星。上世紀的80年代初，麥道夫在華爾街積極推動場外電子交易，將股票交易從電話轉移到電腦上進行。當時，伯納德・麥道夫投資證券公司已成為美國最大的可獨立從事證券交易的交易商。1983年，伯納德・麥道夫投資證券公司在倫敦開設了辦事處，並成為第一批在倫敦證券交易所進行交易的美國公司。

1991年，伯納德・麥道夫成為那斯達克董事會主席。在其帶領下，那斯達克成為足以和紐約證券交易所分庭抗禮的證券交易所，為蘋果、思科、Google等公司日後到那斯達克上市做出了巨大貢獻。

到2000年，伯納德・麥道夫公司已擁有約3億美元資產。麥道夫還像其他富翁一樣，用自己的巨額財富建立了麥道夫家族基金會。麥道夫家族基金會主要捐助猶太慈善組織，與建設劇院、大學以及藝術事業。

2000年功成名就後，麥道夫的人生軌跡發生了巨大轉變。他精心設計了一個巨大的「龐氏騙局」，以穩固的高投資回報率作為誘餌，欺騙投資者參與到他的騙局之中。而投資者並沒有識破他的騙局，反而對其崇拜有加。就這樣，麥道夫再次讓自己成為華爾街的傳奇人物，直到2008年12月初，他的騙局才敗露，而至此為止，他總共騙取了超過500億美元的鉅款。

麥道夫選擇在一家俱樂部開始他的騙局，這家名為「棕櫚灘」的鄉村俱樂部成立於上世紀50年代，這是一個高端猶太人俱樂部，只有300名會員。要申請加入其中，不僅要支付30萬美元的入會費，還要保證本人足夠富有，會員還必須擁有高尚的品德，每年的慈善捐款記錄不能少於30萬美元。

事業有成並熱衷公益的麥道夫很輕鬆地就加入了精英雲集的棕櫚灘鄉村俱樂部，並且他憑藉自己獨特的身分，成功吸引了眾多富有的猶太會員。

麥道夫很會揣摩投資者的心理，他刻意營造出一種神祕的氛圍，並且處處表現出排斥他人的舉動，同時麥道夫的公司還實行「非請勿入」的嚴格規則，所以只有經過邀請的投資者才能成為公司客戶。這意味著，成為麥道夫的客戶有點像加入一個門檻很高的俱樂部，光有錢沒有人介紹是不能進入的。

這項策略非常成功。在很多人看來，把錢投給麥道夫已

成為一種身分的象徵。麥道夫從不解釋投資策略,而且如果你問得太多,他還會拒絕接受你的投資。

在俱樂部的高爾夫球場和雞尾酒會上,人們不時提到麥道夫的名字。一些猶太老人稱麥道夫是「猶太債券」,能給出8%至12%的投資回報,而且每年如此,不管金融市場形勢如何,麥道夫總能夠給出他事先說好的回報。麥道夫甚至曾吹噓:「我在上漲的市場中賺錢,下跌的市場中也賺錢,只有缺乏波動的市場才會讓我無計可施。」

高齡的俱樂部成員、服裝大亨卡爾‧夏皮羅是此次騙局的最大受害者之一,他認識麥道夫近50年了,可以說他和麥道夫情同父子。卡爾‧夏皮羅曾邀麥道夫參加他的95歲生日宴會,和他一起旅行。夏皮羅旗下的公益基金向麥道夫的基金投資了1.45億美元。此外,夏皮羅及其家人還將另外4億美元交給麥道夫管理。

隨著客戶的不斷增加,麥道夫要求的最低投資額也水漲船高,從最初的100萬美元上升至500萬美元,然後又增加到1000萬美元。至少有30%的俱樂部會員投資了麥道夫旗下的基金。由於回報穩定,麥道夫的名聲越來越大,會員都以擁有麥道夫投資帳戶為榮。

整個騙局一直持續到了2008年年底。12月初,麥道夫向兒子透露,客戶要求贖回70億美元投資,令他出現資金周轉問題。12月9日,麥道夫突然表示提早發放紅利。12月10日,麥道夫向兒子坦白稱,其實自己「一無所有」,而

是炮製了一個巨型金字塔層壓式「龐氏騙局」，前後共詐騙客戶500億美元。10日當晚，麥道夫的兩個兒子告發了麥道夫的所作所為，這才讓史上最大欺詐案浮出水面。12月11日，麥道夫被捕。

在得知麥道夫被捕後，絕大多數人都不敢相信這個事實，因為在案發前，人們信任麥道夫，麥道夫的表現也沒有讓他們失望，投資者交給麥道夫的資金，每年都能取得10％的固定回報，這是非常令人難以置信的回報率。但事實上，麥道夫的公司和基金會並沒有創造任何財富，麥道夫只是創造了他擁有巨額財富的假象，進而讓投資者放心地向他的公司投資。

這些投資者並不知道，他們可觀的回報是來自自己和麥道夫其他顧客的本金。換句話說，只要沒有人要求拿回本金，麥道夫的祕密就不會被拆穿，參與這個系統的人也會越來越多。但是一旦有客戶提出要取回本金，那麼麥道夫的騙局就會輕易被揭穿。事實也正是如此，直到有客戶想要贖回70億美元的本金時，麥道夫才承認這一切都只是個騙局。

截至2008年11月30日，麥道夫的公司帳戶內共有4800個投資者帳戶，這些受騙的投資者包括避險基金、猶太人慈善組織以及世界各地的投資者。

前文已經介紹過，龐氏騙局是一種金融詐騙行為，人們相信一個並不存在的企業獲得了商業成功，但是實際上是

在短時間內，用其他投資人的錢給第一批投資人回報。

　　上世紀90年代，麥道夫借用自己作為成功股票上市經紀人的身分，成立了一家資產管理公司。隨後麥道夫用自己的社會網路為這個基金公司進行籌資，他再透過棕櫚灘鄉村俱樂部或其他慈善團體的場合，廣交朋友，並利用一些已落入他陷阱的投資客做介紹人，介紹更多客戶給他，那些介紹人可以收取回報和傭金，因此他們自然樂於做中間人。

　　長此以往，在投資者之中就產生了滾雪球般的效應，加入麥道夫騙局的人越來越多。有報導說，麥道夫也是在俱樂部和其他慈善團體場合中，找到了第一批投資者，這些投資者也在日後給他吸引了其他的投資者。

　　在表面看來，麥道夫的基金是一項風險很低的投資行為。他龐大的基金有著穩定的利潤返還率。投資者每個月都能夠從麥道夫的公司獲得1%至2%的利息。而且麥道夫介紹說能獲得穩定增長的原因，是他的基金不斷從事著購買大盤增長基金和定額認股權等等生意。這種綜合性的投資組合，一直被人們認為可以產生穩定的投資收益。

　　2005年的時候，根據美國證監會的說法，麥道夫的投資基金生意逐漸變成了一個新的「龐式騙局」，所有返還給投資者的收益，都是來自於越來越多的新加入的投資者。根據美國證監會早些時候的資料顯示，直到2008年1月分為止，麥道夫的基金一共管理著171億美元的資金。

　　雖然2008年的經濟整體形勢不斷發生惡化，但麥道夫

在對投資者的報告之中，依然顯示他的基金一直處於穩健的增長當中，這一增長數字直到2007年11月依然高達每月5.6%，跟世界權威金融分析機構標準普爾公司公布的同期各基金平均增長下降37.7%相比，麥道夫宣稱的基金表現足以讓人印象深刻。

雖然他依然不停報告自己的增長記錄，但已經有越來越多的投資者開始要求麥道夫返還投資。根據美國證監會的說法，僅僅12月分的第一個星期，麥道夫就受理了高達70億美元的贖回請求。

這個時候，麥道夫才對自己的兩個兒子說，這一切不過是「一個巨大的龐氏騙局」，而他現在離破產的局面已經越來越近了。兒子們隨後跟律師們接洽了情況，並最終向聯邦報告了騙局。而就在被逮捕之前，麥道夫依然對公司雇員及自家親屬們少量發放剩餘的300億美元資金。

假如不是因為當年那場全球性的金融危機迫使那些投資者急於取回自己的本金，也許麥道夫的騙局還能夠繼續延續下去。但這次危機使一切水落石出，麥道夫承認了自己的行為。這個事件讓數不勝數的成熟投資者和銀行家們都難以承受。數以百計的銀行、避險基金和富裕的個人都放心的把自己手中的錢交給麥道夫基金，因為他承諾的是一個如此誘人的數字，麥道夫承諾即使現在時勢艱難，但是他的基金仍然能夠獲得一年10%到15%的增長率。

受害的銀行來自全球各地，在這場騙局中，諸多知名機

構被牽涉其中，其中既有西班牙金融業巨頭桑坦德銀行，
也有法國巴黎銀行、歐洲銀行巨頭滙豐銀行、日本野村證
券等等。桑坦德銀行在此次詐騙案中的風險敞口高達約合
31億美元。英國金融時報引述消息人士說，滙豐控股於該
次麥道夫詐騙案潛在風險可能負債15億美元。奧地利銀行
負債21億美元。瑞士銀行負債高達10億美元。更慘的是很
多美國人，他們在這場危機中除了麥道夫的基金外，已經
一無所獲。

2008年12月23日，法國基金經理蒂里・德拉維萊切特，
因投資麥道夫所設避險基金損失慘重，在位於美國紐約麥
迪遜大道的辦公室內自殺。享年65歲的他曾是「通國際」
投資公司的創始人之一。而這家公司在法國擁有極高的地
位，甚至世界最富有女人、法國歐萊雅集團繼承人、擁有
大約229億美元身家的莉莉安娜・貝當古也將大部分財產交
由「通國際」投資公司打理。而且蒂里・德拉維萊切特也
曾經是莉莉安娜・貝當古最信任的理財專家。

然而這位掌握28億美元資金的經理卻誤信了麥道夫，進
而用手頭的21億美元購買了麥道夫的基金。曾有員工這樣
評價蒂里・德拉維萊切特「公司就是他的生命，麥道夫曾
是他非常信任的基金經理。」麥道夫騙局被揭穿之後，蒂
里・德拉維萊切特難辭其咎，只能選擇結束自己的生命。

2009年3月，麥道夫表示對包括證券欺詐、洗錢等在內
的11項刑事指控認罪，欺詐金額累加起來達到了650億美元。

　　2009年6月29日，紐約聯邦法院判處麥道夫150年有期徒刑，這意味著麥道夫將在監獄中度過餘生；法院同時判決沒收麥道夫約1700萬美元財產，麥道夫的妻子也將上交名下8000多萬美元資產，但獲准保留250萬美元財產。

　　麥道夫之所以能夠騙到這麼多人，是因為他的騙局步步為營。整體來看，雖然麥道夫騙局也是一種「龐氏騙局」，但從規模來看，查理斯・龐茲的騙局簡直就是小巫見大巫。麥道夫知道如何能讓這個騙局長久下去，他首先利用奢華的場所建立了龐大的人脈網。

　　麥道夫經營資本管理多年。多年來，麥道夫都透過一個祕密資本管理分支機構，利用廣泛人脈，騙取他人投資，而這個機構自然也是伯納德・麥道夫投資證券公司的下屬機構。麥道夫在美國達拉斯、芝加哥、波士頓和明尼阿波利斯等城市編織關係網，利用各種奢華場所接觸投資者。

　　擁有大量人脈之後，麥道夫又在投資者之中樹立了「投資就一定賺錢」的良好口碑。他僅在美國明尼蘇達州霍普金斯市山頂高爾夫球俱樂部和橡樹嶺俱樂部就「融資」超過1億美元。而造成這種「盛況」的原因，就是每個人在高爾夫球俱樂部打球或吃飯時，都在講麥道夫如何幫他們賺錢，麥道夫的賺錢計劃是那麼完善，又是如此誘人，幾乎所有人都想加入麥道夫的項目。

　　建立好人脈，並用良好的口碑吸引投資者之後，麥道夫騙局就像其他著名的「龐氏騙局」一樣，開始發展金字塔

型的下線。一開始,麥道夫利用朋友、家人和生意夥伴來發展「下線」,有的人因成功「引資」而獲取傭金。一些「下線」又發展新「下線」。這樣,被麥道夫騙局騙到的人就越來越多。

當然也有人質疑,懷疑整個事情都是一起龐大的「龐氏騙局」,但是麥道夫比查理斯・龐茲最聰明的地方,就是他會用合理的回報率騙倒所有人。眾所周知,當年查理斯・龐茲許下的高額利率讓人蠢蠢欲動,但這麼高額的利率也容易讓人產生疑惑。而且一旦有人調查,就會發現查理斯・龐茲並沒有任何生意來保證如此高額的利率。

但是麥道夫不同,他許諾的利率在合理範圍內,而且麥道夫每個月都向客戶提交投資報告,用以顯示他的工作非常進取,客戶也能隨時在數日內贖回投資。而且與一般騙案的不合理高回報相比,麥道夫每年向客戶保證回報只有約12%-13%,這樣便令許多存有疑心的客戶也不虞有詐。

中國式騙局

中國式騙局和那些金融巨騙有著本質上的區別，一般民眾並不會輕易被巨額利潤所欺騙，只有很少一部分中國人像西方人那樣利益至上，但是這也導致欺騙中國人需要更巧妙的技術。中國式騙局一般都會有一個聽起來很好的名稱，或是為民族復興而出力，或是在國際大政策下共同富裕。因此想要欺騙中國人，騙子需要一個相對的身分，這些騙子或是貴族遺老，或是偉人摯友，或是網路上的「金融巨鱷」。

解凍民族資產

在外國，有一種騙局十分常見，騙子先透過網路和信件和受騙者搞好關係，隨後聲稱自己有一筆鉅款被國家凍結，需要將這筆鉅款挪到國外。

因此騙子需要你提供你的個人銀行帳號，並保證事成之後將支付給你高額的報酬。然而你想要獲得這筆報酬，必須要支付一定的手續費。因為這種騙局大多數都是發生在尼日利亞，因此也被稱為尼日利亞騙局。

這種騙局操作簡單，但也有不少人中計上當。在中國，也有類似於尼日利亞騙局的騙局，只不過這種騙局更加複雜，也更讓容易讓人選擇相信。

和尼日利亞騙局類似，這種騙局也是以資產被凍結為名義，向受騙者籌集路費、打點費用。如果和尼日利亞騙局相同，那麼受騙的人並不會很多，但是這種騙局卻擁有一種難以拒絕的大義。

騙子們往往聲稱自己掌握了一筆處於凍結階段的民族資

產，需要眾人說明去解凍這筆資產。受騙者考慮到自己既能夠獲得不菲的報酬，也能夠為民族復興出力，自然很容易陷入這種騙局之中。

2001年5月間，經熟人引薦，周家迎來了一位名叫劉秀枝的「貴客」。此人本地口音，四、五十歲的光景，中等微胖的身材，乍一看，與一般的農婦並無兩樣；可是她光鮮入時的衣著、披金戴銀的打扮，以及自稱闖蕩京城數年、如今衣錦還鄉的經歷，卻讓周家人另眼相看。

劉秀枝一開口就要以3000元月租租下周家並不寬敞，甚至略顯簡陋的二樓，當即就把周某鎮住了。周某一面慶幸自己碰到了財神爺，一面又忍不住對這個財神爺的底細十分好奇。殊不知，這只是劉秀枝騙局的序幕。

在周某的再三懇求下，劉秀枝神祕地透露：她這次回永春肩負著歷史重任——從事數十億「民族資產」的解凍工作。劉秀枝鄭重其事地說，「民族資產」是孫中山當年在海外支持中國革命的資產，國民黨撤退時留下了。

如今有一部分存在美國的花旗銀行、香港的滙豐銀行，但需由各個「山頭老人」收集齊全當年的信物，才能到銀行解凍這批「民族資產」，而找「山頭老人」收集信物需要費用。劉還聲稱1976年盧山會議規定「民族資產」解凍後，政府得30％，「山頭老人」得30％，仲介人得30％，稅收10％；而為這項事業出過錢的人可以得到10萬元或20萬元美金的酬謝。

周某雖然似懂非懂，但起碼「明白」劉秀枝之所以財大氣粗，是因為有「民族資產」撐腰。當他得知為「民族資產」解凍工作做出貢獻的人有機會得到豐厚回報時，不等劉秀枝開口，就很大方地借給劉秀枝3000元。

劉秀枝在周家住了幾日後，適逢周妻外出回家。劉秀枝與周妻之間原來還曾有過節：劉秀枝曾欠周妻5000元四年未還。不想現在撞上了債主，腦筋轉得飛快的劉秀枝當即將5000元還給周妻，好像是特意上門還錢來的。

劉秀枝還編了個故事說：1942年，國民黨貴州省主席送給他的女祕書金睇2.5億美元，存在新加坡銀行，如今這筆錢已經上翻到12億多美元。她這次正是受金睇老人的委託來解凍這筆錢，金睇老人囑咐她將這筆資金的1／3捐給國家，1／3捐給貧困老人，剩下的都贈送給她本人。

劉還稱解凍這筆資金需由國際法庭裁判，等資金解凍了，她就能拿到一大筆錢。劉秀枝又稱，她同時負責解凍數百億美元的民族資產，其中3億美元已由海外轉匯到中國銀行廈門支行。

要解凍這些民族資產，需先找齊由「山頭老人」保管的信物，而在向「山頭老人」拿「信物」時需給「山頭老人」紅包，但她現在沒錢去找「信物」，要先向民間籌集資金，等這些資產解凍後，為解凍資產出過錢的人都能得到高額報酬。

周妻不久前剛在報刊上看過這類國民黨主席和女祕書的

「野史」，心裡早已信其幾分，加上劉秀枝還錢還的乾脆，心裡又信了幾分。

周妻是當地某局原局長，社會關係較廣，劉秀枝認為其較有利用價值，便一鼓作氣地向周妻透露她要斥鉅資購買大樓的資訊。周妻果然中計，馬不停蹄地將其親戚顏某介紹給劉秀枝認識。

顏某手頭剛好有一座剛開發、尚未交付使用的大廈，而開發大廈時欠了一屁股債，正騎虎難下。劉秀枝投其所好，開口就說要花5000萬美元購買該大廈。顏某原本不信——劉憑什麼有這麼多錢？劉秀枝便順水推舟地對顏某解釋：等民族資產解凍，她的錢就更多了，可以買更多更高級的房子。

為徹底消除顏某的疑慮，劉又說，國民黨前高級將領李宗仁是「民族資產」解凍委員會的總負責人，也是「民族資產」的保管人，即「山頭老人」，現化名為李協和居住在廈門鼓浪嶼，而自己就是李宗仁的私生女。一聽到劉秀枝這麼大的來頭，顏某像吃了定心丸，對此深信不疑了。

劉秀枝非常注意粉飾自己的身分：她聲稱自己還與中央一些領導情同姐妹，並時常與丈夫受邀到釣魚台國賓館居住。最可笑的是，另一受騙者鄭某曾在家接到一北京口音的電話找劉，劉當即說是中央那邊打來的，並當著鄭的面天南海北神侃一番。

劉秀枝還經常在她的尾隨者面前演戲：在關鍵時刻亮出

那張「國務院第三辦公室」的工作證，說是國務院特許其解凍民族資產的身分證明；一張標有一億美元金額的金卡；及租住房裡的「古玩文物」及「外幣」，說是收集來的「信物」。劉還經常在租住處召集各班人馬開「業務會議」，作「紀錄」。

劉也曾經叫車帶著顏某、周某一起到泉州中行，然後讓顏、周二人在銀行門口等著，自己一個人進去找行長「商談大事」；帶周某去廈門某公司，稱只要她擁有與該公司要求一致的一張防火金卡、108張和平鴿票、一個香爐，就能到香港滙豐銀行解凍出3筆108億美元的民族資產，而周亦親眼看見有三個人在該公司門口等待劉秀枝，可惜劉的香爐對不上號，解凍108億美元「民族資產」的好夢破碎，劉只好帶周某返回永春。至於廈門錦江飯店是其祖業的大話，劉秀枝更是張口就來。

在劉秀枝花言巧語和空頭支票的催化下，加上劉借錢均由周某等人擔保，顏某不久後就不顧親屬的反對，一意孤行「借」給劉秀枝十幾萬元。

周某對勸阻他的兒子說，既然顏某已給了劉秀枝十幾萬元，我們也可以投資，所以陸續給了劉秀枝3萬多元。劉秀枝還趁熱打鐵地從周妻處「借」得3000元，又以相同伎倆從原糧食局某站站長鄭某、洪某等人那裡騙取了不少錢財。

劉秀枝還透過鄭某的妻子認識了鄭乙，以同樣理由向鄭

乙借錢，鄭乙雖心有所動，但想到天上不會掉餡餅，就以身邊沒有閒錢推託過去。

隨著騙局鋪開，劉秀枝意識到必須讓受騙者嘗到一點甜頭才能穩住他們。劉秀枝在周妻對借錢一事感覺不妥時，拿出一張贈送書籠絡周妻。該贈送書用繁體字寫著：

周先生／女士：

為振興中華民族，促進統一祖國大業，我贈送資金二十萬美金，以便更好地培養優秀人才，發展高科技事業。

贈送人：李協和劉秀枝二○○二年元月二十五日。

劉還承諾到2002年2月就能兌現給周妻，同時煞有介事地低聲囑咐周妻務必保密。周妻看到了光明的「錢」景，便不再對劉提起還錢之事。緊接著，劉秀枝向多名受騙者及其親屬散發了上述贈送書。

為進一步誘惑周某，劉秀枝又對其許諾：等「民族資產」解凍後要出資100萬元支持其從事的紙織畫業建大樓。而對顏某，劉秀枝則不時提起要與其簽訂購買大廈合約一事，雖然老是不了了之，但「中毒」已深的顏某卻也不計較。

接著劉秀枝又拿出偽造的中國銀行總行國際結算部的外幣存款憑條，謊稱她已領取民族資產3億美元，然後拿該憑條要顏某和鄭某寫信給永春縣領導，聲稱要回報桑梓，引資開發石鼓溫泉、研發抗血栓特效藥TPA專案等。

周某、顏某之子報案後，公安機關重拳出擊，最終抓出

了劉秀枝這隻老狐狸,所有受騙者做了一場黃粱美夢,醒來後一無所獲。

劉秀枝不但將向周、顏等人「借」的鉅款揮霍一空,更令人啼笑皆非的是,連劉秀枝家裡所有的電器和傢俱都是由周某、顏某擔保向店裡賒的;甚至日常的米菜、藥品、手機儲值卡等,也是鄭某花錢幫劉買的;而且劉的兒子結婚時,也藉機向受騙者索要了不少錢財;至於劉某與周某白紙黑字的租房合約,更是從未兌現過半分租金。

2002年12月26日,永春縣人民法院一審以詐騙罪、持有假幣罪判決劉秀枝有期徒刑12年,並處罰金人民幣15.34萬元退還給被害人,沒收92張假幣和作案工具。

劉秀枝不服一審判決,上訴至泉州市中級人民法院,二審中其辯護人提出劉的行為不構成詐騙罪,但二審法院認為,劉秀枝雖然形式上是向被害人借款,但系以虛構的所謂「解凍民族資產」需要資金為由,各被害人出借的目的是為了獲取「解凍民族資產」後的贈送金,且劉對所借款項並無歸還的意思,其主觀上有非法占有的目的,客觀上採用了虛構的事實騙取他人財物,其行為已構成詐騙罪。2003年4月15日,泉州市中級人民法院做出終審裁定,駁回劉秀枝的上訴,維持原判。

令人難以理解的是,案發後一些受騙者依然沉浸在騙局中不能自拔。如受騙者洪某直到公安機關找其詢問案情時,仍堅稱「我相信劉秀枝不會騙人,我是自願拿錢給她的。」

而鄭某亦稱「我認為劉做的民族資產解凍工作是真實的，我相信她。」更有甚者，在法院一審階段找到法官替劉求情：「劉是大好人，她真的是在解凍民族資產，你們可別辦了錯案。」直到後來，洪某等才醒悟過來，盼著法院能拿回他們的錢。

當劉秀枝的騙術被一一揭穿後，人們驚訝地發現，劉不過是一介村婦，她的經歷再普通不過：1955年出生，8歲時讀了一年小學，9歲輟學在家務農，20歲出嫁後繼續務農，前些年在北京混了一段日子。就是這麼一個唯讀過一年小學的村婦，居然唬住了這麼多人。

其實劉秀枝的騙局還是有很大破綻的：比如說，劉的家人均在永春，沒必要花錢另外租房；劉既有能耐在日後讓自己和他人腰纏萬貫，為何她的家人還要務農；劉分送給眾人的贈送書印刷簡陋、文字前言不搭後語，怎麼可能成為數額巨大的贈予憑證。

據劉後來交代說，贈送書的格式竟然是周某、鄭某、顏某共同定的，手寫部分是周某定的，電腦打字部分則是劉在開電腦店的次子辜某處用電腦列印的；劉收集的所謂信物也並無特別之處，後經永春文物管理委員會鑑定，它們只是一般的工藝品……等等。

一個文化程度很低的村婦，一個漏洞百出的騙局，卻令諸多人士受騙上當。說穿了正是因為劉秀枝摸透了上當者好貪便宜的心理，這才得逞。

事實上，這類騙局有很多，大部分騙子都以某歷史名人祕書自居，甚至有的還自稱是流落民間的皇室。這類騙局最顯著的標誌就是，先給自己一個「大義」的名分，然後再給受騙者一個高尚的加入理由。

　　中國是農業大國，很多國民都有小農心態和從眾心理。所以在聽到這項事業有很多人加入，自然就會放鬆警惕。而且這些騙局往往都打著「民族大義」的旗號，讓被騙者有一種榮譽感。

聖瑞公司的集資騙局

　　黑龍江聖瑞投資股份有限公司成立於2006年11月，註冊資金700萬元人民幣，並於2006年在香港註冊，註冊資金3億港元，全稱是香港聖瑞國際投資集團有限公司，董事長是唐建樹。主要從事商業、房地產企業投資，管理諮詢；企業行銷策劃、形象策劃、文體藝術策劃，商務代理。

　　聖瑞公司的廣告、牆上的營業執照和油田礦產及領導視察公司的照片，還有一些權威經濟媒體的報導都表示這是一家正規公司，而且聖瑞公司還在美國那斯達克掛牌交易。然而以上種種都只不過是聖瑞公司董事長唐建樹的花招。事實上，聖瑞公司是唐建樹實施詐騙的工具而已，聖瑞公司確實是個詐騙集團。

　　哈爾濱市公安局相關人士透露，從2010年5月下旬開始，根據公安部統一部署，哈爾濱市公安局、包頭市公安局、保定市公安局分別對黑龍江聖瑞投資股份有限公司、黑龍江省玖鑫礦業投資股份有限公司、包頭聖瑞投資諮詢

服務有限公司、保定聖瑞經濟資訊諮詢股份有限公司等公司涉嫌非法集資犯罪展開立案偵查。

經過近一年時間，哈爾濱市公安局「聖瑞公司特大集資詐騙案」專案組成功偵破迄今為止全國首屈一指、黑龍江省涉案金額最高、涉案人數最多的集資詐騙案件。根據司法審計結果，該案在全國範圍內非法集資金額高達45.78億元，而且還在美國那斯達克場外櫃檯交易系統上掛牌交易，其掛牌代碼為DHLO。

之所以聖瑞公司能騙到這麼多人，是因為聖瑞公司的宣傳力道。在該公司的宣傳資料上，表明了聖瑞公司的經營範圍，投資者一般都會在意這個公司是不是搞實業，如果沒有明確的實業，投資者自身也會起疑心。但是聖瑞公司比較狡猾，在吸收投資者的時候，聖瑞工作人員會出具聖瑞公司開發油田和礦產的相關證件，還有在省級機關報刊登有聖瑞公司開發的油田和礦產照片，看到這些證據，投資者就會打消了顧慮，把錢投進去了。

既然報刊上的確用一整個版面刊登了聖瑞公司的相關報導，那麼這些報導是否真實呢？據瞭解，和這些礦業相關的事項基本都是聖瑞公司董事長唐建樹一手操辦的，那麼這位唐建樹究竟是何許人也？

2009年5月下旬，金融管理部門就發現在哈爾濱有兩張銀行卡之間存在資金異常往來，累計金額高達100多億元。經過哈爾濱警方的調查，這兩張卡的持有人都是黑龍江聖

瑞投資股份有限公司的工作人員。聖瑞公司透過銀行卡劃
撥調動如此巨額資金，引起了金融監管部門的注意。

調查很快又有了新的發現，聖瑞投資股份有限公司以及
2004年以後陸續成立的黑龍江龍廣投資擔保有限公司等幾
家關聯公司，其投資經營活動存有許多疑點。這些公司並
沒有成規模的盈利專案，但公司及個人名下卻擁有大量豪
華轎車和房產。聖瑞公司及其關聯公司引起了警方的關注。

透過警方進一步的調查得知，聖瑞公司及其關聯公司的
背後，都有一個名叫唐建樹的身影。而唐建樹已經兩年多
沒在哈爾濱公開露面，平時主要活動場所都在北京，並且
此人出手十分闊綽，揮霍無度，時常出入當時剛被查封的
天上人間夜總會。

唐建樹以前是哈爾濱市香坊區農行信貸科的一個幹部。
他一開始承包夜總會虧損，虧損以後又承包了一個酒店，
仍然一直虧損。據唐建樹向警方供稱，當時他就欠了300多
萬元。欠帳以後，債主向他逼債，在無奈的情況下，2004
年他成立了黑龍江龍廣投資擔保有限公司，從貸款人那裡
收取一定的手續費。

但是，僅靠正常收取手續費無法迅速償還那麼多債務。
唐建樹決定走捷徑，開始對不特定人群發行基金。當時是
每月4分利，3個月一出局，集資了1000多萬元，到要返本
的時候，已經沒有錢了。

龍廣公司私自發行的高息基金返本付息壓力相當大，在

沒有其他合法盈利來源的情況下，只能靠吸引更多的人加入集資隊伍，用後加入的投資者的經費去填補之前加入的投資者利息。2006年，唐建樹成立黑龍江聖瑞投資管理有限公司，這一次的經營方式有了實質性變化。

2007年7月10日，聖瑞公司與松原豫橋油氣開發公司簽署了價值3500萬元的投資合約。其實，聖瑞要的僅僅是這一紙合約。在一分錢也沒投入的情況下，聖瑞以這項專案為名，繼續向社會集資。

兩個月後，豫橋公司察覺了聖瑞的真實意圖：聖瑞公司沒有在規定的時間內，給付豫橋公司3500萬元合作款；同時又發現，聖瑞公司進行非法集資。所以，豫橋公司與聖瑞公司解除了合作協定，同時責令聖瑞公司給豫橋公司寫了一個致歉函。而在此前後，聖瑞公司就以所謂油田開發名義進行集資，甚至先後組織數百名投資人到松原油田現場參觀考察。

其實聖瑞公司和松原豫橋油氣開發公司已經沒有任何關係了，但是他們為了集資，沒把這個事實真相告訴集資的操盤手和投資者。因此在投資者的眼中，聖瑞公司是一家擁有油田業務的實業公司，進而放心地對其投資。最終，透過所謂投資油田這個項目，聖瑞公司聚斂的集資款超過5億元之多，徹底走上非法集資這條不歸路。

已經發展壯大的聖瑞公司在哈爾濱繁華地段租下了一棟高檔辦公大樓的兩層。唐建樹此時卻將公司法定代表人更

換給了一個叫閆川的同夥，自己從前台退到幕後，遷居北京並改名叫唐貴邦。

根據唐建樹自己解釋，他之所以換這個新名字，是希望有貴人幫助。但也有心理學家認為，這只是唐建樹恐懼心理的表現，他做的事都是違法的，自然不希望別人知道是他本人所為。

唐建樹嘗到透過油田集資5億元的甜頭之後，其胃口越來越大，手段和技巧也越來越嫻熟，他又開始製造新的集資名目，那就是假借投資礦業專案繼續集資。

2008年的9月分，唐建樹又主使成立了黑龍江玖鑫礦業公司，從以前的集資款中拿出1500萬元，取得了附近一家金屬礦的探礦權。按常理，經競拍取得探礦權之後，接著就是透過採樣探明儲量、報國家相關部門審批、繳納資源費、取得採礦證後實施開採。

但對唐建樹來說，他根本沒想過真正去進行開採，他只需取得探礦權，能藉此做為集資作宣傳就夠了。於是，在聖瑞的宣傳資料及某些省機關報上，有一位較著名的工程師進行採樣的畫面。

而這張宣傳照片的真相是，這張照片是這名著名的工程師在其他附近礦區拍的照片。這個工程師以前做過礦業，聖瑞公司把他聘來，只是讓他當一個證實聖瑞公司是一家正規公司的代言人而已，他本人也是不明真相。

其實早在2007年，聖瑞公司就逐漸找到了一批油田集

資代理人，這些集資代理人能力很強，而且有些人在其他的非法集資案件當中也出現過。到了2008年9月聖瑞公司取得了鉬礦探礦權後，其集資代理隊伍也進一步擴大。

聖瑞公司先後在河北保定和內蒙古包頭設立分公司，拉起精幹的集資代理人隊伍，規模迅速擴大。按聖瑞公司的規定，集資款之中的18％至25％需要返還給分公司，分公司再給其下線扣點。這樣層層集資，金字塔的模型就建立起來了。在聖瑞公司後期非法集資最猖狂的時候，集資代理人個人募集資金最多的就有一億多。

至此，聖瑞公司整體行業的衍生過程已經和傳銷一致。相關集資代理人的行為也大同小異，都是從傳銷演變過來的。其實唐建樹自己也明白他已經犯了非法吸收公眾存款和非法經營的罪，但他還是有著僥倖的心理。

有人可能會問，聖瑞既然油田開發協議是真的，鉬礦項目也是真的，為何不履行油田開發協定、不投資探礦開採？

原來，聖瑞公司的錢是高利息承諾集資來的，用後面的錢補前面的利息，虧空只會越來越大，如果聖瑞公司真的投資實業，賺的利潤或許還沒有利息多，更重要的是，如果把錢投入實業，資金鍊馬上就會斷裂，集資詐騙的行為就會馬上敗露。所謂的實業，其實就是為集資作幌子而已。

聖瑞和玖鑫公司吸納的集資款越來越多，還本付息的壓力越來越大，資金鍊斷裂的風險越來越高。唐建樹的團隊

在思考,有沒有既能不斷生財,又能免除風險,一舉兩得、一勞永逸的解決方案呢?

最終唐建樹想出了一個好辦法,那就是借殼到美國那斯達克上市,不僅變身為國際上市公司,順帶著還能透過債轉股,擺脫每個月都要還本付息的債務麻煩。

聖瑞公司一開始承諾的是購買了公司的原始股之後即成為公司的股東,每個月可以獲得8%的高分紅。一開始投資者的確都從聖瑞公司那裡拿到了承諾好的分紅。但是後來聖瑞公司卻停止了分紅,公司方面的解釋是公司將要轉入二級市場,一切都不能再像過去那樣不成體系,所以要按照國家規定辦事。

國家不允許高分紅,公司也只好暫時停止發放高分紅。但是聖瑞公司同時還安撫投資者,聲稱公司預計在美國上市,原始股發行價在1.5美元至2美元之間,上市後投資者會獲得更穩定的回報,因此不必擔心。

其實聖瑞公司也的確在美國那斯達克的場外櫃檯交易系統上掛牌交易了,但是實際上,聖瑞公司只是花了30萬美元在美國那斯達克場外櫃檯交易系統買了一個叫「雙環資源」的空殼公司而已。

由於聖瑞公司在美國場外櫃檯交易系統買空殼公司是透過國外作市商來實現的,即聖瑞公司支付國外作市商傭金,國外作市商公司就幫他們辦理了這個手續,買了個空殼公司。又由於聖瑞只是在場外櫃檯交易系統交易,非正式上

市二板市場，故國內對此也沒有什麼嚴格的審查限制。

其實，在那斯達克上市和掛牌不一樣，聖瑞公司只是在場外櫃檯交易系統市場上，買了一個空殼公司，這種行為只是掛牌，並不允許該公司上市流通和交易。場外櫃檯交易系統市場上的公司，不是上市公司，只能叫美國店頭市場公司，或叫櫃檯交易市場，由十幾個造市商互相交易。也有人將場外櫃檯交易系統稱為那斯達克的預備市場，主要是指在場外櫃檯交易系統掛牌的公司，只要達到一定條件便可向那斯達克提出申請，進入那斯達克的小型資本市場或主機板市場。

如果公司真的要在那斯達克上市，不但要經過美國證券監管部門的嚴格審批，而且中國證監會也會進行嚴格審查，聖瑞公司靠假實業真集資詐騙撐起來的公司，是不可能透過審查而轉進那斯達克二級市場交易的。就連唐建樹自己也承認，他的行為不可能在美國上市欺騙國外的投資者，之所以買一個所謂的掛牌空殼公司，其目的只是為了吸納國內資金。

國內許多投資者不明真相，以為在美國買了一個空殼公司就能夠進入美國那斯達克進行上市。再加上聖瑞公司的唬弄和宣傳，讓投資者信以為真。

其實聖瑞公司的一切協議都是在中國簽的，外國作市商公司的代表到聖瑞公司來簽的交易協定。但是聖瑞公司在各個報刊上登的照片上卻寫明，聖瑞公司董事長唐建樹在

美國與投資公司簽署了上市協議。所以不明真相的投資者，一看都以為唐建樹到美國去簽署協議了，就信以為真，這種做法具有很大的欺騙性。

據唐建樹供稱，他們打的如意算盤是，在資金鍊緊張的時候可以向投資者說，「你可以換成我們公司即將在境外上市的股票，」而普通的老百姓又不太瞭解境外上市，而且有上市後成倍回報的案例，也容易把這些投資者安撫下來。甚至進行債轉股，實行完美脫身。

然而只要是騙局，再如意的算盤，也有撥錯的時候，聖瑞就是兩張銀行卡巨額資金流的小疏忽，暴露了他們的行跡。最終，聖瑞公司的集資騙局也大白於天下。

別惹螞蟻

　　上世紀末，遼寧省興起了飼養螞蟻的熱潮，小小的螞蟻據能夠讓人發家致富，其豐厚的回報率簡直讓人不敢想像。

　　這些傳說中的擬黑多刺螞蟻真的具有宣傳中所說的那樣具有神奇的藥效嗎？其實不然，遼寧蟻力神天璽集團雖然具有養殖螞蟻這樣的實業，但實際上，其和黑龍江聖瑞公司一樣，都是以實業為幌子，實際上是以非法集資為主要目的的金融詐騙。

　　說起蟻力神，遼寧的居民可是印象深刻，甚至說是深惡痛絕。該公司創辦之初就打著中醫保健品的名頭招搖撞騙，不僅獲得了空前的榮耀，還矇騙多位明星名人為其代言。其中「反偽鬥士」司馬南、「馬家軍指導」馬俊仁和趙本山等社會名人都受其蒙蔽。

　　遼寧蟻力神天璽集團董事長王奉友1962年出生在遼寧清原縣一個叫卜家屯的山村中。初中畢業後，王奉友開了一間豆腐坊，靠賣豆腐為生。

1988年王奉友先是到營口鮁魚圈做冷飲、做熟肉。1991年又轉到大連，由做熟肉製品改為屠宰加工，並逐步成為了大連肉聯廠廠長。1994年他攜一家老小遠赴廣州，在計程車行業裡又做了4年，挖掘了人生第一桶金。

1998年，王奉友結束了在廣東的計程車行事業後，回到老家遼寧成立了蟻力神天璽集團的第一家公司「瀋陽鼎鑫科技實業有限公司」，然而有公開資料顯示，這個名字看上去頗為玄妙的公司，主要業務就是買賣一些南方傳過來的致富資訊，收取仲介費用而已。

1999年，王奉友成立「瀋陽長港蟻寶酒業有限公司」，開始經營螞蟻保健品。據王奉友自己描述，1998年他開始對當時的昆蟲保健品進行考察，經過挑選之後，他引進可以藥用和食用的珍貴蟻種擬黑多刺螞蟻，根據公司宣傳所稱，蟻力神採用先進的提純技術，實現了螞蟻製劑食用科學化、營養最大化。

蟻力神主要選用黑刺蟻、血紅林蟻。並配有海狗腎、犛牛鞭，鹿鞭、肉蓯蓉、冬蟲草、枸杞子、人參、牡蠣等。蟻力神以先進生物技術提取精華素，配以西班牙叢林含腎活性因數植物精華素精製而成。其能增加睪丸內分泌功能，刺激大腦皮層興奮。

根據報導，經國家相關部門嚴格檢測與審批，在全國上市銷售的蟻力神產品共有：抗疲勞型的蟻力神牌抗疲勞膠囊，免疫調節型的蟻力神牌滋補酒，改善睡眠型的蟻力神

牌健眠膠囊，美容養顏祛黃褐斑型的蟻力神牌蟻容膠囊，延緩衰老型的蟻力神牌頤養膠囊，調節血脂型的蟻力神牌粒清膠囊。

蟻力神天璽集團最輝煌的時期共設有七個不同類型的子公司，分別是瀋陽鼎鑫科技實業有限公司，製造螞蟻酒的瀋陽長港蟻寶酒業有限公司，負責螞蟻養殖的遼寧煦焱蟻力神螞蟻養殖有限公司，負責銷售業務的遼寧帝豪銷售有限公司，負責房地產經營的遼寧鑄鋒房地產開發有限公司，以及負責集團企劃的遼寧瀚文廣告有限公司等。全中國分銷公司則達三百多家。

其中最為人熟知的，就是蟻力神集團的下屬公司遼寧煦焱蟻力神螞蟻養殖有限公司，該公司和養殖戶建立「委託養殖」模式，當時數以百萬計的養殖戶都相信能夠透過養殖螞蟻發家致富。

該公司的養殖模式十分簡單：養殖戶只要交納蟻種最低保證金一萬元人民幣，就可以在家養殖螞蟻，投資14個半月後，公司回收養殖好的螞蟻，養殖戶可獲得返利的3250元，投資報酬率高達32.5%。

自從公司確立了這種養殖模式，蟻力神天璽集團就持續這種模式數年之久，而且在2007年10月之前一直能夠正常給養殖戶返利，不過也有人質疑這種模式，認為這種模式屬於非法集資。

從統計資料可以看到，截止2005年，在蟻力神天錫集

團註冊的養殖戶已達27萬，以每戶投資4.2萬元的平均數據分析，並按照30％左右的返款比例計算，蟻力神每年所需要支付的返款額就達到40多億元。

而質疑者稱雖然蟻力神系列產品的年銷售額並不統一，有很多種版本，但其中最多的資料也未超過15億元。而且蟻力神天璽公司的工作人員上門收購螞蟻的時候，根本不分螞蟻的品質，也不過秤。

公司的這種做法就是以穩定的回報來鼓動養殖戶繼續加大養殖投資。因此有人懷疑蟻力神真正目的並不是螞蟻，而是蟻民繳納的保證金，並且讓養殖戶去推廣產品擴大養殖範圍，並用後加盟的養殖戶交的保證給先加盟的養殖戶提供利息，進而騙取越來越多的養殖戶加盟，蟻力神正是用這種拆東牆補西牆的方式持續經營。

其實官方對此蟻力神公司表現不得不正常也頗為注意。早在2001年，中國銀監會就開始調查蟻力神，2004年11月30日，中國銀監會又組調查小組赴瀋調查非法集資，瀋陽市政府亦主動提出「蟻力神問題」。

2002年至2004年，遼寧省公安機關破獲特大集資詐騙和非法吸收公眾存款案16起，遼寧境內的16家和蟻力神天璽公司類似的養殖投資公司被查封，涉案金額高達100多億元，但蟻力神公司並沒有受到太大的影響。

根據當時官方媒體人民日報所屬雜誌的報導指稱，被查處的非法的「代養」都是由「養戶」出資，由公司來養殖，

而養殖戶沒有養殖，隨後公司支付養殖戶一定回報的養殖模式；而蟻力神天璽公司的委託養殖，是養戶透過養殖螞蟻所付出的勞動而獲得勞務報酬。

對於蟻力神公司的經營模式，中國人民銀行辦公廳和國家銀監會先後兩次專門向遼寧省及瀋陽市政府通報，蟻力神集團公司的委託養殖方式「不認定為非法集資」。」而與其他代養性質的非法集資公司做出區別。由此也可以看出，這正是蟻力神騙局最高明的手段之一，從名義上來看，蟻力神的經營過程都處於合法的地位，進而避免了官方的查處。

而在民間，關於蟻力神的爭議也從來沒有停止過。不少養殖戶都開始懷疑蟻力神的盈利能力，而且在蟻力神騙局最為高潮的時段，示警的信號讓不少人都意識到蟻力神公司的關注點根本不在螞蟻身上。

一位瀋陽市的養殖戶曾做過一個實驗，他發現回收螞蟻的工人好像並不太關心螞蟻的品質，於是他偷偷把箱子裡的螞蟻扔進了垃圾桶。很快的，蟻力神的工人把空箱子收走了，連看都不看，但錢仍然按時到帳，一分不多，一分不少。

鞍山市的養殖戶發現工人們把一箱價值上萬元的螞蟻從樓上一路踢到樓下。同時在瀋陽很多地方，為了方便，養殖戶們把螞蟻箱直接從樓上扔給樓下回收螞蟻的工人……人們很快發現，從始至終螞蟻只是個幌子。

2004年11月2日，美國食品與藥物管理局就向消費者建

議：「不要服用中國遼寧省蟻力神天璽集團有限公司生產的蟻力神產品。」

據透露，美國食品與藥物管理局在蟻力神中檢測出含有處方藥濃度的「昔多芬」，而昔多芬正是治療勃起機能障礙的處方藥「偉哥」的活性成分。

而且昔多芬和硝酸甘油這樣的處方藥或硝酸戊酯之類的違禁物質相互作用，可能導致血壓顯著降低至一個不安全水準，進而影響人體健康，甚至威脅人的生命。因此，必須在醫生的指導下才可以使用。

蟻力神因此被禁止在美國銷售，而蟻力神官方稱蟻力神牌系列產品原料是可食用的中草藥，由擬黑多刺螞蟻、酸棗仁、茯苓、西洋參和肉桂等組成，美國查獲的，則是摻西藥的仿冒品。

雖然民間和官方都對蟻力神公司的經營模式存有爭議，不過蟻力神公司的相關產品並沒有因此在市場下架，反而得到政府與多數輿論的支持。根據報導，在瀋陽蟻力神天璽集團的大樓走道裡，可以看到蟻力神集團董事長王奉友與各類名人的合影，可見他平日盡力結交各界社會名流、編織各種社會關係的身影。

與此同時，蟻力神也花了很大力氣為自己進行宣傳和包裝。騙局敗露之前，蟻力神總共獲得「消費者放心滿意產品」、「中國市場放心健康食品」、「中國企業值得信賴品牌」、「名牌示範企業」等多項榮譽，並與中國建設銀

行、海爾和聯想等企業共同入選「2006中國網友喜愛的十大品牌」。

2005年，中共遼寧省委主辦雜誌稱王奉友是「無疆的行者，無畏的勇者」。王奉友本人獲選為中央電視台2006年度三農人物候選，被形容為「為了幫助廣大農民朋友致富，蟻力神公司採用『委託養殖』、『公司加農戶』、『以銷定產，以產定養』等戰略的實施，實現了農民增收、企業增效，共同促進了新農村建設」。

2007年官方雜誌描述蟻力神為「融中華民族傳統養生文化與現代生物技術為一體，集產品研發、生產、銷售一條龍；科技、農業、工業、商業、地產業、文化傳媒業多元發展的現代企業集團。近8年的發展，集團在黨和政府的扶持下，不斷向前發展。隨著保健品市場上品種的增多，改革開放的深入，王奉友認識到產品的品質在企業發展中發揮著越來越重要的作用」。

這篇報導還將王奉友推崇為科技創新與熱心公益的典範。總計蟻力神多年來共獲得中國各地100多家主流媒體的正面報導。雖然媒體對蟻力神的質疑自從傳出添加西藥問題以來一直不斷，不過整體說來居於少數。

在與政界關係上，王奉友多次在遼寧電視台和中央電視台公開露面，省委主要領導和有關人物也公開出面支持。王奉友與省政府官員關係良好，並一直支持省政府和瀋陽市政府的活動。

2006年8月，中國商務部頒給蟻力神直銷執照，被批准於遼寧省內14個市行政區域從事直銷活動，由於美國食品與藥物管理局之前就質疑蟻力神在產品之中添加違規的西藥，而且蟻力神公司從未有過直銷經驗，所以商務部的這種做法令直銷業界感到驚訝。

2007年5月，在第二屆全國人大代表與優秀企業家高峰論壇上，蟻力神天璽公司董事長王奉友與內蒙古蒙牛乳業公司董事長牛根生、上海周氏集團公司董事長周小弟等人共同獲得了「最具社會責任感企業家」的稱號。

2007年10月11日是蟻力神公司承諾給養殖戶的返款日，但開始有螞蟻養殖戶發現帳戶上沒得到返款，返款日期被延遲到10月29日，於是民間開始流傳蟻力神天璽集團董事長王奉友已經被員警控制、蟻力神資金鍊斷裂企業破產等傳聞。同年11月20日，遼寧各地上萬養殖戶到達瀋陽，包圍了位於瀋陽市的蟻力神天璽大廈。

在此情況下，王奉友妄圖將公司前途和社會治安捆綁在一起，誤導養殖戶，讓他們以為公司出了狀況是因為政府引導有誤，導致數千至數萬養殖戶集中在瀋陽市政府廣場集體上訪，在現場大呼還錢。

部分養殖戶認為政府給蟻力神公司頒發的直銷牌照在監管上存在一定責任，與上千名公安發生衝突，甚至有極端的養殖戶稱要去火車站阻擋火車的運行。現場傳出有人被毆打，公安也開始在各處設置檢查點，防止各地養殖戶再

進入瀋陽市。

22日公安開始清場,許多示威者被強行拉上車帶離現場。十餘名意圖進入遼寧省委的抗議者被逮捕。剩餘群眾見狀也自行解散。28日,則是傳出了有養殖戶因請求返款不成而自殺的消息。

11月29日,蟻力神母公司及子公司正式向瀋陽市中級人民法院提出破產申請,法院受理。11月30日,遼寧省處理蟻力神天璽公司問題臨時辦公室向蟻力神養殖戶發出公開信,稱蟻力神及其8家關聯公司已經資不抵債,申請破產,瀋陽市中級人民法院已經受理其申請。

該公開信雖然承認蟻力神「有挪用養殖戶所交保證金等問題」,但又表示,蟻力神與養殖戶之間簽訂合約是「在自願基礎上和履行民事合約的民事行為」,雙方「同樣有承擔後果的責任」。

公開信要求「相關各方都應該有承擔市場風險的心理準備和承受能力」……公開信最後「特別提醒養殖戶,不要被謠言所惑,不要被別有用心的人所利用,要自覺維護社會穩定」。

該公開信由《瀋陽日報》於12月1日頭版刊登,內容完全沒有提到「非法集資」。與公開信同時刊登的遼寧省瀋陽市中級人民法院公告也提到「由於債權人數眾多,無法召開全體債權人大會」,這意味著,只有少數透過公證方式隨機選定的債權人可以參與大會。會議召開的時間預定

為2008年的3月24日。

　　為避免養殖戶再度鬧事，當局出動基層組織，包括街道委員會和黨組，到養殖戶家裡進行安撫。瀋陽包括機場、火車站、公車總站和大型公共場所，都有軍警戒備。街上任何超過十人的群體都會被要求解散。當局也開始了養殖戶登記的工作，並要求養殖戶在12月20日到3月9日之間將養殖螞蟻的合約原件上交，作為以後賠償的證據。

　　據估計，此事件影響到30萬以上養殖戶，金額達兩百億人民幣。透過事後調查，王奉友在經營蟻力神天璽公司的時候就有挪用養殖戶保證金的現象。

　　遼寧省瀋陽市當地電視台於2007年12月播出了一期《王奉友挪用侵占養殖戶保證金實錄》，節目中稱，2007年8月德籍華人黃艷珊稱能幫助蟻力神在美國上市，王奉友便把4000萬給了黃艷珊；馬來西亞籍華人王致殷，虛構科威特「阿棻汗集團」會給蟻力神50億美金投資，王奉友便賞了4次款給王致殷，共計1.8億人民幣；香港的魏一帆，稱自己「能融資又能打通上層關係，獲取上層資訊」，王奉友便匯款給他1億4千萬；北京人吳國勇，以為蟻力神集團在北京建設總部為名，王奉友便給了他5100萬作為建設資金，但實際上這些人拿著王奉友的錢去買車買房，並沒有為蟻力神公司做任何事情。

　　除了被其他人騙去一部分錢財外，更多養殖戶的保險金都被王奉友個人揮霍一空，在王奉友為蟻力神天璽公司購

買的高級車中，僅僅一台勞斯萊斯就價值750萬，而買這些豪華轎車的錢，都是從養殖戶的保證金中抽取的。

王奉友大兒子王帥心要炒股，王奉友便從養殖戶的保證金中拿了1400萬。蟻力神集團總部八樓為王奉友建造了一間50多平方米的佛堂，修建時總共花了40萬，王奉友去中國各地寺廟拜佛又總共捐了八、九十萬，將養殖戶的保證金投向各地的功德箱。

經過公安機關的收繳，王奉友名下共有銀行卡、存摺共計115張，而目前這些已經被查證被吞噬的保證金數額，僅僅是王奉友挪用、侵占養殖戶保證金總數的冰山一角。

「首富」到「首騙」

　　上世紀的90年代，一個人用充滿熱血的口號號召人們富裕起來，一個個公司在他的努力下爭相成立。然而短短幾年之後，這個曾經用滯銷貨物換回飛機、和外國合作發射衛星並想要把滿洲里建設成另一個香港的中國首富就因信用證詐騙銀鐺入獄，被判有期徒刑18年。

　　有人認為，這個人的騙局是迫不得已，他的理想太遠大，但是現實的能力卻並非無限。所以他只能不停地奔波，不能有一刻鬆懈。這也導致他的公司在不斷發展的時候，內部問題也越來越嚴重。

　　終於，這個曾經誇口要把喜瑪拉雅山炸個缺口，讓印度洋暖濕的季風吹進青藏高原，讓苦寒之地變成良田沃土；要把雅魯藏布江的水引進黃河，讓中原大地的人民從此解決缺水問題的中國首富牟其中變成為了中國首騙。

　　牟其中生於1941年6月19日，重慶萬州人。在他上小學的時候，他就已經表現得異常的活躍。也許正是這種活躍

的人生觀，才能讓他在下海商人之中嶄露頭角。但是也正是因為其過分活躍，才導致氣產業不斷擴大，終於到達了他無法掌控的局面。

他曾經入獄三次，第一次是在不合適的時機發表了個人的政治觀點，險些被判死刑；第二次則是因為其涉嫌投機，但所幸有驚無險；而第三次卻揭開了牟其中和他所領導的南德公司的驚天騙局。

也許是當年大放衛星留下的病根，牟其中善於誇誇其談，這也是當時商人的通病。而消費者和投資者也很願意相信誇張的言談。牟其中的確有商業頭腦，他依靠幾百元起家，用500車廂滯銷的輕工品從前蘇聯換回4架圖-154民航機，自稱盈利8000萬到1億元人民幣，甚至各界媒體都認為牟其中最富有的時候，擁有個人財富20億以上;牟其中還誇口要在中國的北方滿洲里投資100億，建設一個中國北方的香港;還要花31億美元為中國海軍買一艘蘇聯航空母艦……

雖然他曾說出無數難以實現的豪言壯語，但不可否認，牟其中的確是一位商業天才。他是中國第一位登上瑞士達沃斯「世界經濟論壇」的企業家，同時他也被多所大學和有關市政府聘為客座教授或顧問。在牟其中最為輝煌的時刻，有一大群知識份子曾經追隨他的左右，將他說的每一句驚世之言奉為圭臬。

牟其中自己從來不知道自己到底有多少錢，在他自己認為，2000萬和2億都只是一個很小的數字。如果你問他，他

會說他的身家足足有20億甚至200億。並且，彷彿他一轉身就可以讓這些錢成倍增長。

1994年，牟其中曾榮獲「中國十佳民營企業家」稱號，並且他還被評為「中國改革風雲人物」；1995年，他又被評為「中國商界十大風雲人物」；1996年12月被評為「中國百名優秀企業家」；1997被評為「中國十大實業家」……頭頂無數光環的牟其中如與之前風光無限。

然而在牟其中的公司逐漸出現問題之後，他卻受到了各方面的打擊。先是他手下的員工開始公開揭露他經營上的危機讓各大媒體爭相報導；最終和他合作過的銀行也將他訴訟至法庭。牟其中體會到了所謂的人情冷暖，眾叛親離傾家蕩產。甚至他連最後列印文稿的錢，都需要留守在身邊的下屬們墊付。

在被捕入獄前，牟其中被公認為是中國企業家群體中最有個性、最富爭議的民營企業家。入獄後，又成為最不服輸、最不氣餒、廣受社會關注的囚犯。這一切都和他生存的年代和他的人生經歷有關。

其實年輕時代的牟其中一直希望成為一名記者，但是他在1959年經歷了人生之中的第一個打擊。牟其中在當年的高考中落榜。但是落榜的牟其中並沒有和其他落榜考生一樣放棄上大學的機會。

年輕的牟其中顯示出了遠超常人的堅韌力和耐心，他不甘心放棄自己的大學夢，於是他從重慶趕往武漢中南工業

建設設計院參加大專班春季招生。這次牟其中成功了，但僅僅半年之後就因為戶籍的問題而被迫退學。回到萬縣不久，牟其中聽說新疆有所藝術院校可能會招生。儘管這個消息並不是很準確，但是牟其中卻還是一個人去了新疆，然而他到新疆之後才知道，新疆藝術院校早就停辦了。

於是牟其中重新回到了重慶萬州，並且他還獲得了生平的第一份工作，在當地的玻璃廠成了一名鍋爐工人。當工人期間，牟其中和那些只知道在生產線上工作的年輕人不一樣，他在工作的同時還表現出巨大的政治熱情。

在這期間，牟其中開始研讀有關馬列、毛澤東的著作，甚至他還抽時間閱讀哲學、法律的相關書籍。而在讀書之餘，牟其中的演講才華和層出不窮的驚人想法開始頻頻出現，久而久之，牟其中從一個玻璃廠的小小工人，成為了一個精通馬克思主義，精通哲學的演說家。

然而這位演說家卻在工作近10年後，遭遇了人生中的第一次牢獄之災。這次牢獄之災更是讓他處於生死一線的險境。

1974年春天，牟其中在重慶萬州的青年之中已經擁有了巨大的聲譽，他經常與其他的青年一起探討社會主義問題。年少氣盛的牟其中充滿熱血，而且擁有空前高漲的政治熱情。他和朋友用了數天時間，合作寫下了《中國向何處去》這篇萬字文，同時他個人還寫出了《社會主義由科學向空想的倒退》和《從文化革命到武化革命》等兩篇文章，並透過各種途徑大肆宣傳。然而正當牟其中等人興奮

於自己的「傑作」時候，有關當局卻認為他思想有問題，把他關入了監獄，並被內定判處死刑。所幸國情變化迅速，1979年12月31日，在獄中待了4年又4個月的牟其中被釋放。

在這次監獄事件之後，牟其中的商業天賦開始展現。1982年4月，牟其中與人合辦「萬縣市中德商店」。這是牟其中第一次經商，也為他日後的成就鋪就了道路。

在由東方明、肖蓉發表於《大地》的《萬縣人評說牟其中》一文中，他們曾經如此描述過牟其中當年的第一次經商經歷：「當時的萬縣，商品銷售尚無『三包』之說，但牟其中率先在用戶中推行了『包換卡』，凡在中德商店購買的黑白電視機和別的一些電器，城區顧客可在三天內調換，農村顧客則限定在一週之內調換。與此同時，中德商店還開展了跨地區的『四代』，即代購、代銷、代組織、代託運的業務……第一年牟其中便破天荒獲得了近8萬元利潤。」；「1983年初，牟其中從重慶一家兵工廠以最低價購買了一批銅製鐘，然後又以相當高的價格賣給上海的許多商店，僅此一項，便獲取了令人咋舌的大筆暴利。自那以後，牟其中的中德商店還做過多次類似的生意。」

在上個世紀80年代，牟其中和當時的許多人一樣，趁著當時各類商品極其匱乏的契機，成功尋到了致富的門路，成為事業有成的商人。但是好景不長，他經營萬縣市中德商店僅僅一年左右，就再次入獄。

如果說第一次入獄是因為當時的社會環境，那麼第二次

入獄則是他在中國的社會經濟改革進程中的一次意外。

1983年9月17日，牟其中因「投機倒把、買空賣空」的罪名被收審。在監獄中的牟其中突然又恢復了政治熱情，在入獄第11天，他破天荒寫下了一份《入黨申請書》，並大膽地寄給了當時的中共中央總書記。

之後，他又在獄中寫下了《論中國特色的社會主義和我們的歷史使命》、《從中德商店的取締看萬縣市改革的阻力》等等文章。更為重要的是，據傳，他的這些信函竟然順利地送到了四川成都、中國北京，並引起了有關部門的重視。1984年初，牟其中的努力獲得了回報，在入獄11個月後，他再次被釋放。

1984年9月18日，出獄半年多的牟其中匆匆召開了中德複業懇談會，並很快將當初的中德商店升級為中德實業開發總公司，新成立的公司辦理了工商稅務註冊手續，領取了營業執照。公司正式開始營運後，透過不懈的努力，牟其中成功從市農業銀行貸款了250萬元作為創業資金。後來有人認為，這250萬元可以說是牟其中真正起家的資本。

中德實業開發總公司的辦事處位於重慶萬縣的東方紅旅社，走進公司大門就是一幅精美的《好貓圖》，這在當時下海經商的商人家裡是常見的景象。《好貓圖》上端橫幅上寫著「走自己的路，建設中國式的社會主義」。若干年後，在牟其中的南德集團大廳，類似的一句話則是：「為搞活國有大中型企業服務，振興社會主義經濟。」

中德實業開發總公司成立之後，牟其中的「首富神話」已經正式開始。他的生意開始越做越大，涉及的範圍也越來越廣。然而想必只有他本人才知道，在這些生意之中，哪些是真的，而哪些是他吹噓出來的。

1984年下半年，牟其中突然表現出對小三峽的風光充滿了興趣，於是他決定籌資對重慶巫山的旅遊資源進行開發。1984年11月14日晚，在中德公司業務辦公室召開了由牟其中主持的開發小三峽風景旅遊區座談會。座談會邀請到了美學顧問、中國書協理事周漫白，四川省美協會員蔡華義，省作協會員、《新花》副主編吳承漢，地區農行林育生，萬縣市農行汪維權，三峽礬石廠胡清平，顧問戴披星和英語翻譯魏京姝。

幾天之後，中德實業開發總公司辦公室就發出了一期名為《開發小三峽旅遊區座談紀要》的工作簡報。但是有關開發小三峽旅遊區的相關事項卻如泥牛入海，沒有任何後續發展。

還是在這一年的11月，牟其中在中德公司的業務工作研討會上提出要在重慶萬縣市建立一個中德服裝工業公司。同時他還提到了一個叫做桑景全的31歲上海人，這個人是河北廊坊市石油部華北石油勘探一公司的工人，但他卻自學了服裝方面的相關知識。由於他的7位親屬都在上海從事服裝設計、剪裁工作，這種家庭便捷使他對服裝研究產生了濃厚的興趣。在牟其中看來，桑景全設計的中西服裝，

具有民族特色，融合了國際時裝風格，款式新穎，不落俗套，且省料省時也省錢，可謂物美價廉。

牟其中決定讓桑景全全權負責中德服裝工業公司的運營。為此，他特地派人到北京去請桑景全。桑景全如同千里馬遇到伯樂，自然欣喜地來到了萬縣。經過短暫的談判磋商，牟其中和桑景全於1984年12月5日正式簽訂了《桑景全同志參加中德實業開發總公司工作協定書》。但在協定簽署後第三天，桑景全卻突然搭輪船東去，結束了與牟其中的合作。

1984年，牟其中覺得一切都信手拈來般輕鬆，在他的眼中，開公司、開工廠形同兒戲，他的想法異想天開，他許下的承諾也常常是信口開河，隨心所欲。當年有兩個想做竹編工藝的年輕人來到了牟其中的辦公室，也不知道他們具體是怎麼磋商的，牟其中馬上就決定請他們來做個中德竹編工藝廠，並立即辦了營業執照。不料幾個月後，當員工們再見到那兩個人時，牟其中似乎對他倆很不感興趣。

當時中德公司既沒有投資，又未見建廠或手工場，所以這個廠根本就沒有建起來。然而奇怪的是，在《經濟日報》1985年2月28日的長篇通訊中，卻留下了這樣的話：「技術就是金錢。長江航運調價後，萬縣市小有名氣的竹編製品銷售困難，牟其中立即組織技術輸出，到省外辦竹編工藝廠。」

早期牟其中經商的最大特點便是敢於異想天開，但真正

落到實處，並切切實實帶來過效益的生意專案並不多。牟其中一度也思考過發展航運業，夢想著建一支龐大的船隊在大江、大海上破浪遠航。

中德公司重新開張以後，也辦過一張「中德造船廠」的營業執照。但所謂的「中德造船廠」，實際上就只有一名叫田紀德的「廠長」。除此之外，牟其中還成立了「中德船隊」、「中德霓虹燈裝潢美術公司」、「中德子弟校」、「中德公司商品房建築公司」、「中德村」等等企業或者實體，但後來的統計顯示，其中除了「中德霓虹燈裝潢美術公司」有過一段慘澹的經營外，其他的似乎都在不停重複開會、領取執照、見個報紙這樣的流程。

1984應該是牟其中一生中非常特殊的一年，這一年，牟其中開始相信自己什麼都能做，什麼都能賺錢。因此這一年牟其中和他的中德公司不停地在各個領域內組建公司。據統計，一年內牟其中組建的公司就超過了10個，而他想到的東西更是千奇百怪。1985年，牟其中在重慶萬州沒有獲得預期的發展，於是他把公司遷往中國重慶中華路。

同樣在這一年，牟其中的中德公司搖身一變，成了南德集團，並且該集團和牟其中一起將視線從小小的萬縣轉移向了別處。這時的牟其中才真正有了日後首富的風采，而他的南德集團也走向了一系列國際和國內貿易。當然，很少有人能夠明確說清楚他到底做了多少貿易生意，但是這些貿易無一例外都是大手筆，也無一例外地慘澹收場，

有資料可查的貿易記錄顯示，南德集團曾和美國的貿易公司進行合作，並從美國進口了2萬噸的白糖，然而牟其中最終最以跳樓價將這些白糖賣給了一家廣西企業。

南德集團還曾組建公司在沿海收購海蜇皮，並下了大量訂金，希望能夠銷售到國外，後來不知道為什麼，說好的外商卻違了約，讓南德虧損幾百萬元。

在看好國內冰箱市場的前提下，牟其中又從韓國進口冰箱3000台，後因市場變化，致使冰箱大量積壓。

做貿易的牟其中從來不相信實業和生產，他後來的大多數理論也正是基於他多年的貿易生涯而創造出來的。而他真正做成功的大事，也只有後來人們所稱的「牟其中神話」了。普遍認為，真正可信的神話只有三個，包括「飛機貿易」、「衛星項目」和「開發滿洲里」。其中飛機貿易充分展現了牟其中敢想、敢做的超前思維。

1989年，牟其中從萬縣坐火車到北京準備推銷竹編和藤器。在火車上，牟其中認識了一個河南人，兩人天南地北的聊了起來。從他口中，牟其中知道了正在面臨解體危機的前蘇聯準備賣圖—154飛機，但找不到買主。兩人東聊西聊，竟使牟其中做起了飛機夢。

於是，牟其中在京郊租了一間民房，也不推銷竹編、藤器了，而是到處打聽有誰要買飛機。牟不懂航空，像無頭蒼蠅一樣到處鑽。後來，他終於打聽到1988年開航的四川航空公司準備購進大飛機，以逐步換掉運7、運12飛機。

　　牟其中找到川航，正處於上升通道的川航自然很感興趣，當時購買一架圖—154飛機需人民幣五、六千萬元，而買一架波音客機則需二、三億人民幣。於是，經過國家計委批准、民航總局同意，川航購進了牟其中以貨易貨購進的4架圖—154飛機。

　　牟其中在山東、河北、河南、重慶、四川等七個省組織了500車皮商品交給俄方，單此一筆，牟其中就賺了8000萬到1億元。

　　滯銷貨物換來飛機算是三大神話之中唯一成功的，而在三大神話之中最為失敗的就是南德集團的衛星項目，這個項目不僅耗盡了南德集團的資金，還直接導致了牟其中身陷囹圄。

　　1993年5月，南德集團與俄羅斯航太資訊公司合作發射的「地平線」衛星失敗了。然而牟其中並沒有氣餒，經過充分的準備，南德集團和俄羅斯航太資訊公司於1993年12月28日成功合作發射了當時世界上最先進的電視直播衛星航向1號，這在國內外引起了很大的轟動。於是從1994年起，南德集團正式開始做航向系列衛星了。

　　牟其中那時正是躊躇滿志、雄心勃勃的時候。然而1995年初，中國實行緊縮銀根的經濟政策，導致南德集團在銀行的貸款管道被堵死。衛星業務是資金密集型的專案，要有雄厚的資金支持，南德雖然已經十分拮据，卻沒有停止衛星業務的步伐，繼續研製航向3號衛星。

南德集團曾經與工商銀行北京市分行簽訂了一個5年期中長期飛機抵押貸款的協議，貸款額度為人民幣2.4億元。然而1993年，中國實行宏觀調控，工商銀行北京市分行突然單方面提前4年半要求收回已經放出的2.2億元貸款。這對於南德集團這樣僅僅一個擁有不多自有資金的民營企業來說，無異於滅頂之災，因為南德集團早已經將全部資金投入到各個專案中了，現在根本無力償還這部分貸款。

　　　1995年夏，航向3號衛星的製造工作即將完成。對南德集團來說，衛星專案已經趨近尾聲。然而牟其中必須儘快向國外機構繳納上百萬美元的發射費，否則衛星專案註定面臨流產。

　　面對這筆急需的鉅款，牟其中一籌莫展。這時，經南德集團原金融部總經理夏宗瓊介紹，一個名叫何君的澳洲商人走進了牟其中的視線，為南德的「境外融資計劃」帶來了一線希望。

　　這個持有澳洲護照名為何君華的人，是澳洲一家公司駐中國大陸的常駐代表，也是在武漢註冊的澳華公司總經理。牟其中後來在申訴材料中稱，由於項目資金不能拖延，他急於得到救命的美元，所以在不知情的情況下中了對方的圈套，被欺騙、被出賣，最終導致自己第三次身陷牢籠。

　　因為牟其中不知道，何君等人為其提供的資金根本不是來自澳洲公司。何君等人以提供運作資金的名義讓牟其中操作購買信用證，轉而又和湖北輕工等企業合作從中行湖

北分行套匯出現金。而這個時候,牟其中和澳洲公司簽署
的協議中規定的擔保方,已經由澳洲的公司換成了中國的
交通銀行貴陽分行。雖然牟其中在事後知道了事情的經過,
但他並沒有公開這件事情,因為在他看來,只要衛星項目
能夠如期實現,他的南德集團就完全能夠償還這筆複雜的
債務。

可是1996年3月14日,南德集團員工顧健向新華社、中
央電視台、人民日報社和許多部門領導發出檢舉信;3月18
日,牟其中赴美談判出境時,在北京國際機場被扣留了護
照;3月21日,署名「五個共產黨員」的匿名《緊急舉報》
投向各中央機關。牟其中開始發現自己被跟蹤、被監視。

火上加油的是,有人編輯出版了一本名為《大陸首騙牟
其中》的書。這本後來被北京市掃黃辦公室定為「非法出
版物」的書,揭露了牟其中多年以來大放厥詞虛構產業的
騙局,該書出版後立即在社會上引起極其惡劣的影響。牟
其中的名字又一次不脛而走,南德再次成為社會焦點。不
過現在受到的不是當年那種讚揚和欽佩,而是成為懷疑與
攻擊的目標了。

雖然沒有人判決、裁定,但是南德集團已經成了問題
企業,企業的核心人物牟其中已然處於輿論的中心,南德
集團的信譽度一落千丈,所有業務被迫中斷,投出去的資
金根本無法取回收益。

隨著公安機關對湖北輕工騙開信用證套匯的調查,南德

集團已經得知自己用的美元是套匯出來的，但一時無法還上，處於進退兩難的境地。按南德理事會的說法，他們只好應湖北輕工的要求，為幫助其過關逃避處罰，配合輕工偽造了一系列證明套匯的文件。

1996年8月，因國內謠傳南德集團的衛星專案虛假，南德集團被迫決定將其持有的航向衛星股權轉讓給了國際衛星組織，由國際衛星組織收購了南德的股權，退還南德已投入的股本金和已開始營運了的半年租金。當時，航向衛星已經成功出租並已逐年產生收益。

1997年8月18—19日，由中行湖北分行作為原告，被告依次為湖北輕工、貴陽交行、南德集團的有關信用證墊款及擔保糾紛民事案公開開庭審理。

1998年6月，南德集團收到湖北省高級人民法院於1998年3月23日做出的民事裁定，裁定稱：因在審理案件的過程中，發現該案有關人員涉嫌犯罪，且有關部門已立案偵查，於是裁定：「中止訴訟」。

1998年3月，因上級干預，強令滿洲里市政府收回已劃撥給南德集團的土地。早在1993年，根據南德集團與滿洲里市政府的合作協定，為激勵南德集團對滿洲里國際公路口岸建設的投入，滿洲里市人民政府以優惠地價向南德集團出讓10平方公里土地，供南德集團進行投資開發。南德集團由此開始了對滿洲里區域經濟的全面整體開發、投資、建設。

　　牟其中自己也曾在1997年9月說過：「在滿洲里，我們有15平方公里土地，其中有5平方公里在俄羅斯。」然而據調查，牟其中曾宣布「獨家獨資」開發滿洲里，投資100億，但南德公司在滿洲里實際投入遠遠不足1億元。而因為牟其中信用證詐騙案的爆發，南德集團獲得的滿洲里土地也被收回。

　　1999年1月7日，牟其中被武漢警方刑事拘留；同年2月5日，因涉嫌信用證詐騙罪，牟其中經武漢市人民檢察院批准逮捕，由武漢市公安局於同年2月8日執行；

　　1999年11月1日，南德集團及牟其中等信用證詐騙案在武漢市中級人民法院大審判庭公開開庭。

　　2000年5月30日，武漢市中級人民法院一審判決南德集團及牟其中等犯有信用證詐騙罪，判處牟其中無期徒刑，並剝奪政治權利終身。

　　2000年5月31日，中行湖北分行在《長江日報》上公開表示：作為在南德集團信用證詐騙案中損失人民幣近3億元的「受害者」，中行湖北省分行不願對審判結果發表評論。該行有關人士說，刑事審判與中行無關，湖北中行表示，等此案審結後，民事訴訟將依法進行下去。

　　2000年6月5日，南德集團及牟其中、夏宗偉不服判決，均提出上訴；同時，牟其中正式致函武漢市中級人民法院，為了對社會負責，對法院的罰款負責，對南德的職工負責，決定授權成立南德集團理事會，主持南德集團全面的債權

債務清理工作和開展有關訴訟工作。南德集團理事會由南德集團過去的領導層中仍自願繼續進行工作的同志組成，名單為：夏宗偉、汪明泉、劉建和、鄭平川、牟楓。理事會推選夏宗偉擔任常務理事。

2000年8月22日，由湖北省高級人民法院公開宣判，做出終審判決：駁回上訴，維持原判。

2000年9月1日，牟其中由武漢市第二看守所轉到湖北省洪山監獄開始入監服刑。

2001年11月27—30日，由中行湖北分行作為原告，被告依次為湖北輕工、貴陽交行、南德集團的有關信用證墊款及擔保糾紛的民事案件，由湖北省隨州市中級人民法院公開開庭審理。

2002年1月23日，隨州市中級人民法院依法做出一審判決：中行湖北分行墊付的信用證所有款項，及加收的利息均由湖北輕工償還，貴陽交行承擔連帶清償責任；南德集團與中行湖北分行無直接的信用證法律關係、南德集團不是信用證項下債權的從債務人。並認定：南德集團與湖北輕工之間的信用證的分代理進口協定，在湖北輕工申請開立信用證時並不存在，而是因1996年8月武漢市公安局已對湖北輕工騙開信用證套匯的有關情況開展調查時，為逃避處罰，南德集團應湖北輕工要求而於同年9月底補簽的。

2002年2月5日，貴州貴陽交行不服判決，提出上訴。

2002年5月27、28日，湖北省高級人民法院再次公開開

庭審理這一民事案件。

2002年7月12日，湖北省高級人民法院依法做出終審判決：駁回上訴，維持原判。

貴陽交行不服判決，再次向最高人民法院提出申訴。

2003年2月18日，南德集團收到最高人民法院於2002年11月29日做出的民事裁定，裁定：一、指令湖北省高級人民法院另行組成合議庭進行再審；二、再審期間，中止湖北省高級人民法院民事判決的執行。

2003年3月19日，南德集團及牟其中、夏宗偉向湖北省高級人民法院、最高人民法院依法正式遞交了刑事申訴書及隨附的共達125頁的證據，以謀求對信用證詐騙案的依法重新審理，還原事件的真相。

2004年2月10日，南德集團理事會接到湖北省高級人民法院審監二庭的電話通知，正式啟動有關南德的民事案件的再審程式。

2004年3月19日，南德集團正式收到民事再審的開庭傳票，傳票通知：關於涉及南德集團的信用證墊款及擔保糾紛一案，定於2004年3月30日—4月2日在湖北省高級人民法院新審判大樓公開開庭審理。

2004年3月25日　夏宗偉代理牟其中向最高人民法院遞交《中止民事審理並轉入刑事審理緊急申請書》。

2004年3月29日　湖北省高院發出《延期開庭審理通知書》。

　　2004年4月2日　　夏宗偉代理牟其中向最高人民法院和最高人民檢察院遞交《刑事申訴及指定管轄申請書》。最終開庭日，被無限期延後。

　　時至今日，這位昔日的中國首富已經走下了神壇，他的神話已然不在。

　　其實牟其中所經營的所有貿易都是簡單的騙局，他善於蠱惑人，善於思考，但是他想做的太多，而且這些又遠遠超過了他的能力。牟其中心高氣傲，敢於從事人們不敢從事的事情。事實上，直到今日牟其中的許多經濟理念還是為人稱讚，但是其做法卻飽受非議。如果牟其中能夠腳踏實地，那麼他至少會是一位出色的企業家。但是為了短期內獲得最快速的發展，牟其中不惜用一個個神話般的騙局去欺騙世人，最終他也因為信用證詐騙的罪名而被判刑。

人文騙局

我們常說歷史是不會騙人的，文化是不會騙人的。但是有些時候，
騙子們會偽造那些看起來很像是事實的騙局來愚弄世人，有些人偽
造了人類的進化歷程，有些人販賣了國家的標誌，有些人讓科學家
於地下不安，有些人更是異想天開，開起了戰爭狂人希特勒的玩笑。
更有甚者，美國科學界還曾被中國農民偽造的化石玩弄於鼓掌，誤
以為自己揭開了恐龍進化的神祕。

愚弄進化史的皮爾唐人

　　英國最權威的科學雜誌《自然》在1912年12月5日刊登了一則關於皮爾唐人化石被發現的文章，這引起了考古界的軒然大波。繼而，《紐約時報》在1912年12月19日的頭條也刊登了相關新聞，宣布「舊石器時代頭骨是一件缺環」。三天之後《時代》週刊也毫不落後的登出了「達爾文的理論被證實」這樣的文章。

　　在各大權威媒體的報導下，皮爾唐人化石一時間成了炙手可熱的話題，殊不知，在這些報導的背後，卻隱藏著一個巨大的騙局。

　　人類發展歷史的真相，一直是科學家們探尋的目標。19世紀初期，英國和歐洲大陸就出現過一些關於人類遺骸與滅絕動物同時被發現的零星報導。但是科學家們強調，這些遺骸都是在洞穴中發現的，而洞穴沉積本來就是間斷產生的流水作用混合物，再加上洞穴是前羅馬時期人類的基地，所以，才可能會發現現代人的遺骸和動物的骨骼，與

滅絕的物種混雜在一起。很多人都覺得，人類曾經在洞穴中與滅絕動物共生只是偶然發生的事件。

然而，也有少數科學家發現過在空曠遺址的早起人類遺物，比如19世紀40年代法國的古物收藏家伯德，在法國西北部索姆河流域阿布維爾的階地礫石層內發現了石製工具。直到1859年，英國的地質學家普雷斯特維奇和其他一些人，才重新考慮這些之前被否定的證據。

1860年，人們的思維開始突破聖經的桎梏，一般科學家都傾向於認為人類的歷史要比聖經中說的早，人類曾經一度與滅絕的哺乳動物同時存在。有些人熱烈的支持達爾文的進化理論，而另一些人則瘋狂的提出反對。但是無論觀點如何，所有人都同意人類歷史的遠古性。19世紀60年代，人類開始探索自己的歷史究竟有多久，試圖確立一個適合於人類骨骼和文化遺物相對年代的可靠框架。

1865年，英國文物收藏家盧柏克建議把最早的、粗糙打製的石器叫做舊石器，而把磨光的石器叫做新石器。在19世紀70年代中期，英國的蓋基匯總了大量的冰川資料後，提出將歐洲的冰期劃分為四大冰期和三個間冰期。法國人類學家穆蒂萊提出，應該根據在法國發現的石器工業的順序，來建立與一個冰河時期相應的時間方案。在這個時期，人類的化石只有德國、比利時和直布羅陀的尼安德特類型的骨骼，但是當時的科學家並不認為這就是最早的人類化石。

19世紀60年代，法國的地質學家的德斯諾耶在1863年

宣稱，他在查特附近的聖普雷斯特的礫石沉積中發現了一系列已經滅絕的哺乳動物骨骼上，有刻痕和其他的條紋，他認為，這些刻痕是出自人類之手。對於這項說法，英國當時的權威地質學家萊伊爾卻有自己不同的看法，他認為這些刻痕很有可能是其他動物，比如同時發現的上新世巨河狸啃咬造成的。為此他還做了專門的實驗：將牛和馬的骨頭放在倫敦動物園的四隻豪豬籠子裡，十天之後將骨頭取出來，他發現骨上的刻痕與聖雷斯特發現的骨頭上的刻痕十分相似。

法國的布傑奧曾說，他在奧爾良的洛伊爾河岸附近的中新世紀沉積底部，發現了很粗糙的石器，這在當時引起了很大的爭議。與此同時，在法國的其他地方也曾出現過類似的報導，而在葡萄牙的首都里斯本附近也有過類似的發現。法國的穆蒂萊認為，歐洲確實是有一種第三世紀的人猿存在，它們是介於猿和人之間的一種類型，因此他把這種類型稱為人形猿，而它們是屬於曙石器時代的。

普雷斯特維奇的朋友哈里森，在肯特的北唐斯的伊格塞姆小村附近採集了405件石製品，在這些石製品中，有一件編號為No.464的石器，被認為是曙石器。

1891年6月23日晚上，普雷斯特維奇和哈里森在倫敦的人類研究所會議上提出了英國曙石器工業。1894年10月，在伊格塞姆開始了一些挖掘工作，並從中獲得了一些「粗器」。與此同時比利時的地質學家羅托也宣布自己發現了

與英國肯特相似的曙石器。20世紀初，每一個會議上幾乎都有曙石器的報告，就連從來都不展出曙石器的英國自然博物館，也從1902年開始展出這種石器。

1909年，莫伊爾在東安格利亞伊普斯威奇發現了被認為是上新世的人工打造石器，是早起舊石器工業的原型，並在1910年宣布，在此是有冰期前人存在的。就在大家爭議不斷的時候，另一個更為令人震驚的事件發生了，而它的發生，也瞬間將之前所有的爭論都掩蓋了。人們在東薩塞克斯的韋爾德的一個叫皮爾唐的地方，發現了一些化石，而這些化石被莫伊爾認為就是一直為人們所尋找的上新世人。

1908年，一個皮爾唐當地的修路工人在取石修路的時候，於一個老礫石層裡發現了一件像「椰子」的東西。他取出一塊，並將其交給了查理斯‧道森。道森是一位律師，同時也是一位業餘的地質學家。

道森接過這個看起來比較厚實的東西一看，馬上就認出了這是人的左頂骨的一部分。於是，他立即來到現場希望能找到其他的部分，但遺憾的是，整整一天的時間，他也沒有什麼收穫，也許剩餘的部分，是被當作築路石給破壞掉了。

在這之後的幾年中，道森經常會去那裡查看，他一直希望，能夠找到新的發現。1911年，他無意間在被雨水沖洗的堆積中，發現了和之前那塊骨頭，同屬一塊頭骨的左眶上緣的一大塊，另外還發現了一個河馬的牙齒。道森馬上

帶著這些東西找到了自己的好朋友，來自南肯辛頓的英國自然博物館地質部門的負責人亞瑟·史密斯·伍德沃德。

早在1909年，道森就認識了去英國採集化石的法國古生物學家德日進。面對著新的發現，伍德沃德、德日進和道森三個人一同來到了皮爾唐現場，進行了連續幾小時的挖掘工作。道森發現了一塊新的頭骨，德日進挖到了一個大象的臼齒，另外他們還找到了三角形的石器E606。

他們打算再接再厲，於是在1912年繼續挖掘。令人驚喜的是，他們的努力並沒有白費，又發現了三塊人的右頂骨。而且，這些骨片竟然能夠很合適的互相併攏，在他們發現的骨頭重，有一個枕骨的破片，它恰好可以與左頂骨相連接。除了這些，他們還發現了一些曙石器和動物化石，其中包括象和河狸的牙齒。在不遠的另一處，他們還發現了赤鹿角的一段和一個馬牙化石。值得一提的是，還有一塊很像猿的右半下頜骨，下頜體上帶有兩個很像人的臼齒的部分。它的年代是上新世晚期，最晚是早更新世。

在皮爾唐發現的人類頭骨，是由九塊顱骨破片拼湊而成的四塊較大的顱骨片，代表近乎完整的左側半的顱骨，和右側頂骨的一部分，與大塊的枕骨相連接。伍德沃德重新建立的頭骨模型寬150毫米，長190毫米，這個頭骨模型，除了沒有隆突的眉脊，以及有著較厚的骨壁外，外觀上看起來與現代人十分相似。

不過，頭骨的下頜骨有明顯的猿的特徵，但下頜骨上在

原位的兩個臼齒，咬合面比較平整，其磨損程度類似現代人。下頜骨的一些主要性狀和現代人明顯不同，例如下頜體外側面的咬肌附著處很明顯，這與現代人的特徵不符，下頜骨內面的下頜舌骨則明顯有猿的特徵，下頜支也和猿的一樣寬闊粗壯。總之，伍德沃德所復原的頭骨是人和猿的特徵奇特的結合，下頜骨塑造成從猿到人的過渡形式。

儘管伍德沃德極力地想保存皮爾唐頭骨的祕密，但消息還是被人洩漏了。1912年11月21日，曼徹斯特的報紙報導了這個發現。報導稱頭骨是多塊破片、伴生的動物骨骼是更新世之初的，並說「其真實性沒有絲毫疑問，可能是目前為止，地球上所發現的最早人類遺骸。」報導一經發出，馬上引起了科學界和公眾的極大興趣，伍德沃德在12月18日晚上，不得不在倫敦地質學會上做了報告。報告會的場面非常火爆，雖然再過一週便是耶誕節，但是對人類起源的好奇還是驅使著人們前來參加了會議。在會議上，道森展示了他們的發現，也簡單介紹了自己發現化石的過程，最後他得出結論，人類極有可能與早更新世的動物群共同生活過。

在報告會上，伍德沃德對人類遺骸做了詳細的介紹，說明了九塊顱骨是如何併攏的，還肯定的說明這一定是人類。雖然遺骸的下頜骨有很多特徵都屬於猿，但是他強調說，這個遺骸是與顱骨一起被發現的，兩者相隔得很近，而且色澤和保存情況也很相似，它們肯定是屬於同一個人。最

後他做出自己的結論，認為這個發現代表人類又發現了一個新屬，所以應該將其定名為道森曙人，以此來紀念發現者。

在這次會議上，大家的討論非常熱烈，很多人都提出了自己的見解。有人認為頭骨是上新世得到，有人則認為是更新世的；有的人認為頭骨是長期以來人們尋找的人與猿之間的缺失環節，但也有人認為兩者根本就不是一體的。

1913年4月，道森和伍德沃德對發現的化石描述發表之後，就開始製作化石模型，包括顱骨破片、下頜骨、顱內模、復原頭骨和下頜骨以及舊石器和曙石器各三件的模型，並全部出售。1914年夏天，道森和伍德沃德又在皮爾唐發現了象骨製成的器具，時代與頭骨一致。

1915年6月，道森和伍德沃德繼續在皮爾唐的挖掘，8月8日到10日，道森發現了人的左側額骨，並且帶有部分眼眶和鼻骨，石化程度與之前的頭骨相似。8月30日下午，法國的德日進神父也來到挖掘現場，並發現了一個極為重要的犬齒，其尺寸和性狀完全與之前的頭骨相吻合。因為道森病重，並於1916年8月10日去世，所以沒能及時宣布自己的發現，直到1917年2月28日，伍德沃德才向英國地質學會做了關於皮爾唐新發現的相關報告。在報告中，他認為皮爾唐兩個地點的材料有著同一類型，肯定道森曙人是人類早期的原型，這表示它屬於人類物種。

1913年，倫敦皇家外科學院亨特博物館的管理者亞瑟・基斯首先拿到了一套皮爾唐的模型，於是他馬上展開了

對其相關的研究。最終他得出的結論是：皮爾唐人是第三世紀的人，是人類的直系祖先，是英國目前為止最重要的發現，也是全世界人類最重要的發現之一。

但是他還認為伍德沃德的復原像還是有一些問題，首先整個復原像太像猿了。他認為下頜關節窩和臼齒，以及顳肌附著處的纖維性狀都有著現代人的特徵。其次，他還認為伍德沃德復原的下頜骨上有著大而突出的犬齒，太像黑猩猩了。最後，他覺得復原顱骨兩側的對稱性不對，腦容量1070毫升顯然也太小了點。亞瑟・基斯的觀點被1917年皮爾唐的進一步研究材料所推翻。透過研究發現，下犬齒的尺寸和性狀都與原先復原的模型頭骨相符，這表示頭骨的復原是沒有問題的。

關於曙石器時代的問題，英國不僅在皮爾唐有所發現。1909年時，莫伊爾，一個服裝商，同時也是業餘地質學家，在伊普斯威奇發現了曙石器，1910年時，在東安里利亞又發現了冰期前人，而在比利時和法國，也有人宣稱自己發現了曙石器。

1915年美國華盛頓的哺乳動物學家米勒發表了一篇文章，文章指出從鼻骨和顱骨的性狀如下頜關節窩等判斷，皮爾唐顱骨明顯是人的，顳肌在顱骨上的起點和下頜骨上的止點附著處完全不一致，下頜骨明顯是猿的。

自從皮爾唐頭骨被發現，科學領域內的爭論就沒有停止過。1921年初，美國自然博物館的馬修，在觀察了收藏在

英國自然博物館的皮爾唐標本之後就回到美國，找到了古生物學家奧斯本。同樣找到奧斯本的還有美國同一博物館的麥克雷戈，他之前為了親眼看看皮爾唐人的頭骨，而親自造訪了英國自然博物館。馬修和麥克雷戈一同向奧斯本報告，一致認為化石是真實的。奧斯本在同年的7月分也親自去了英國的南肯辛頓進行考察，得出的結論是皮爾唐人的確存在。

美國華盛頓史密森研究院的體質人類學家赫德利希卡，從1912年就開始關注皮爾唐的發現。經過他的一系列研究，再加上1922年親自去英國看了化石之後，他在《美國體質人類學》上發表了一篇文章，說明自己的觀點：皮爾唐的下頜骨和顱骨不是同一體的，顱骨是人的，下頜骨是一種古猿的。

大部分支援進化論的人都會認同人是由非人的祖先，在長期中逐漸演變進化而來的，但是對具體的進化過程則有著很大的分歧。1871年，達爾文在《人類起源和性的選擇》一書中就說過，人的特徵是兩組直立行走，大的腦子和高的智商，但究竟是直立行走，還是大的腦子，在人類的進化中起著主導作用，人們仍然對其有著不一樣的看法。

1924年達特在南非湯恩發現了南方古猿的頭骨，它的枕骨大孔位置靠前，雖然不如現代人，但是這也表示它們是直立行走的。顱骨的一般性狀也和猿不一樣，額部雖然不像皮爾唐人那樣垂直，但是也不像猿那樣向後傾斜，還

有一點，那就是頜骨和齒隙與皮爾唐人有明顯的差別。

達特本人認為湯恩古猿的智力超過一般的大猩猩和一般猿類，但是其他人卻很難接受這種說法。雖然之後布魯姆曾於30年代後期，在南非的幾個地點發現了成年的南方古猿化石，也證實了達特的觀點，但是直到第二次世界大戰結束以後，科學界的意見才開始贊成南方古猿是最早的人類，或接近於最早人類的說法。

18世紀，科學家從語言學上推斷人類的起源在中亞，在19世紀奧斯本也提倡亞洲是「古生物的伊甸園」這項說法。但是在20年代的時候，科學家們組織的考察隊在中亞高原的考察結果卻讓所有人都感到失望，因為那裡並沒有發現任何的人類化石，反而發現了許多恐龍蛋化石。但是人類的起源是亞洲的說法，卻促進了加拿大的步達生在20年代後期對北京周口店北京猿人的研究。

一直以來步達生都對人類起源於亞洲的說法深信不疑，但是赫德利希卡卻一直不贊成他的想法。步達生根據1927年發現的一個臼齒，建立了一個新種屬，赫德利希卡覺得這樣未免太過輕率。雖然步達生承認中國猿人和杜布亞發現的爪哇猿人頭蓋骨有形態上的相似之處，但是他還是堅持兩者在本質上是不一樣的，只有中國猿人是人類的祖先。

周口店猿人的地質時代與英國薩塞克斯的曙人是屬於同一時代的，1935年伍德沃德也說過中國猿人和曙人是同時代的人。但是以上的這些說法完全被布林法國的科學家否

定了，布林認為中國猿人是一種前人，可能與爪哇猿人有關。

魏敦瑞是專門研究中國猿人化石的專家，他非常嚴肅地批判了伍德沃德對皮爾唐殘骸的看法，認為皮爾唐下頜骨與顱骨沒有關係，沒有一個牙齒像中國猿人那樣是原始人類的類型，在原位的兩個右側的臼齒是很像猩猩的，而左側單獨的一個則很像現代人的。

1953年7月30日，英國自然博物館舉行了有關非洲早期人類的會議，在會上皮爾唐遺骸被展現在大家面前。許多人都是第一次見到真正的標本，所以都異常激動。韋納是出生在南非的體質人類學家，他在約翰尼斯堡受過達特的訓練，當時他在牛津大學解剖系克拉克教授那裡工作。在會議期間的一個晚上，韋納與另外幾位皮爾唐人的懷疑論者奧克利，還有美國芝加哥大學的沃什伯恩，一起談論起對皮爾唐人存在的一些疑點。

韋納回到牛津之後，始終被一些問題纏繞著，他設想皮爾唐下頜骨和那個犬齒都是偽造的化石。八月初，韋納開始思考他的假設是否合理，皮爾唐的所有爭議，幾乎都圍繞著下頜骨與顱骨是否屬於同一個標本。於是他檢查了下頜骨模型上的臼齒，立刻就注意到一些問題，不僅是磨耗類型異常的平整，還有第一和第二臼齒之間的咬合面也不能相互連續，這些發現都讓他感覺到事實應該是被人惡意篡改過的。

為了驗證自己的假設，韋納銼平了一系列黑猩猩的臼

齒，來模擬皮爾唐的標本。結果讓他感到驚訝，因為這樣做非常容易，而且得到的結果和皮爾唐的標本幾乎一模一樣。

為了更進一步增加相似性，韋納用高錳酸鉀溶液把這些牙齒都染了色，但是這樣做是否就真的能夠證明它是經過偽造的呢？如果想要確定這一點，還要找到下頜骨上其他能夠起到決定性作用的東西。

然而，在皮爾唐的下頜骨上有兩個關鍵的鑑定性狀缺失了，這也引起了韋納的注意。這兩個缺失的形狀分別是整個頰部和下頜支的上部，沒有了這些部分，就無法確定兩個關節之間的距離，進而也就不能證明下頜骨的確切來源。韋納非常確信犬齒的特殊性狀是可以精心偽造出來的，而這些線索足以說明皮爾唐遺骸的虛假性。

韋納記得，奧克利曾經在1949年的牛津大學人類學會上作含氟量的報告時提出過一種見解，就是下頜骨的年代比假設的要晚得多。但是奧克利完全不接受他在解剖結構上皮爾唐標本的顱骨和下頜骨不一致的論點。奧克利更相信一個現代化的標本是不可能有那樣高的含氟量。但是韋納卻覺得，雖然下頜骨的含氟量是0.3％，但是這種試驗方法的誤差卻是在0.2％左右，如果真正的結果是小於0.1％的，那麼這就和現代頜骨的含氟量一致了。

敏銳的韋納也瞭解到，奧克利曾經鑽過皮爾唐一個牙齒的牙質，在染色的牙質極薄的含鐵表層下竟然是全白的，很顯然這樣的結果與泥土中的現代牙齒的牙質沒有什麼區別。

經過了慎重的思考，韋納最後決定將自己的疑慮告訴自己的教授克拉克。難得的是，當他提出各種證據之後，克拉克教授非常相信他。兩個人商定之後，決定由克拉克和奧克利商談一下，爭取再讓奧克利檢測一下真的標本，這項計劃將在祕密的情況下進行，不讓外人知道。

　　皮爾唐齒列的顯微鏡檢查顯示，臼齒和犬齒都有細微的人為銼過痕跡。在皮爾唐下頜臼齒平整的咬合面邊緣是銳緣，也就是說它並沒有自然磨耗通常產生的傾斜情形，齒尖前內側和前外側暴露的齒質也不平整。不僅這樣，這些表面上平整的程度與正常的磨耗類型也不相符，而且兩個臼齒磨耗的程度幾乎一致，這一點也非常奇怪，因為通常第一臼齒的磨耗比第二臼齒要大得多。

　　在仔細檢查過那個犬齒之後，韋納也發現了很多不符合現實的地方。它與其他的猿或者人的情況都不相像，而且牙齒的磨耗程度也不符合X光線所顯示的非成年的髓腔開放和寬闊。齒冠表面的顯微鏡檢查也顯示了細微的抓痕。

　　1949年，最初用來測定皮爾唐氟含量的檢測方法有了很大改進，可以測出更加精確的氟含量。新的測試結果顯示，顱骨和下頜骨以及犬齒的氟含量有很大的差別，推斷下頜骨和犬齒為現代的，而顱骨要年代久遠得多。根據這些結果，韋納提出了皮爾唐標本表面染色的問題。

　　根據曾經的報導，道森最初發現顱骨破片的時候，為了將其加固，曾經用重鉻酸鉀浸泡過它們，但是後來的記載

卻說遺骸並沒有經過這樣的處理。但是1912年夏天道森和伍德沃德發現的顱骨破片和下頜骨與之前發現的顏色非常相似。

這些深巧克力色曾經被科學家們認為是皮爾唐礫石含鐵所致。對下頜體試著鑽到較深的地方時發現這些顏色只是表面的，而顱骨破片的顏色要深的多。在這之後，對下頜骨和顱骨的化學分析也證實了韋納的懷疑。

經過漫長的研究與思索，韋納、奧克利和克拉克終於在1953年11月21日，向世人宣布了他們的研究結果，這引起了科學界的震驚，但同時也是人類學界感到安慰。而在這之後，又經過一系列的研究，表明曙石器也是虛假的，同時期發現的各種物品，也都是從別處轉移過去的。皮爾唐伴生的哺乳動物化石是假的，整個上新世動物群也都是移入的，目的就是增加化石古老的可信度。至於皮爾唐顱骨的骨壁很厚，那是因為在英國自然博物館的收藏中，原本就有幾個厚度與之相似的現代顱骨。皮爾唐下頜骨幾乎肯定是現代猿的，也有可能是猩猩的。犬齒被人為改變了形狀也故意染了色。

1954年6月30日，在倫敦地質學會的會議上，皮爾唐的騙局終於被全面揭開，然而，與這件事情直接有關的兩個人，道森與伍德沃德，已經分別於1916年和1944年去世了。但是，所有人都已經明白，這件事情就是這二人所導演的，他們將所有人都蒙在了鼓裡。

後來經過調查，人們幾乎可以斷定，道森之所以這樣做，是為了能夠加入倫敦皇家學會。然而在此之前，他已經有了兩個非常重量級的科學學會會員身分：倫敦地質學會和古物家學會。道森曾經將他大部分的地質學、古生物學和考古學採集樣品都捐贈給了英國自然歷史博物館，也是因為這樣，他特別被授予了「榮譽收藏家」的稱號。

　　騙局的另外一個主謀大英博物館的亞瑟‧史密斯‧伍德沃德一直期望自己成為大英自然博物館的館長，希望皮爾唐人研究對他的職業生涯有所幫助。就是在各種虛榮心的趨勢下，兩個原本在社會上受人尊敬的學者，竟然設下了這樣的騙局，和整個人類開了一個天大的玩笑。

被愚弄的科學家

　　牛頓和帕斯卡是兩位我們熟知的物理學家，他們一位生於英國，一位生於法國，這兩個人，都曾經在人類的物理史上留下過輝煌的成就。牛頓最著名的定律就是萬有引力，而帕斯卡最著名的，就是他所提出的描述液體壓強性質的「帕斯卡定律」。這兩個人的名字都被人們定義為物理學中的常用量詞單位。就是這樣的兩個人，誰又能想到，在他們故去之後的歲月裡，竟然會有人用他們的事蹟來與世人開玩笑呢？

　　事情的發生還要從一個著名的法國學者開始，米歇爾·沙勒是一個成績卓越的學者，他曾經在幾何學上為人類做出了非常重要的貢獻，也正是因為他，幾何學才得以發展成現在的嶄新面貌。

　　無論是後世還是與他同時代的人，都對米歇爾有著很高的評價，認為他是一個有著真才實學和聰明頭腦的人。米歇爾當時任教於理工學院，作為一個教授，科學系專門為

他設計成立了應用幾何專業。與此同時，他還是英國科學院和布魯塞爾科學院院士，並且獲得過法國榮譽勳章和英國授予的最高榮譽：科普利獎章。就是這樣一個在學術界頗有成就的人，私底下他卻和普通人一樣有著自己的興趣愛好。對於米歇爾來說，最快樂的事情就是能夠收集到古代名人的手記。

1869年7月31日，米歇爾做了一件驚天動地的事，那就是他向全世界公布了一封他收藏的私人信件，這封信是法國物理學家帕斯卡寫給年輕的英國物理學家牛頓的。根據信件的內容，寫信的時候帕斯卡應該是剛剛發現了萬有引力，他熱情地告訴牛頓一些要素，並非常懇切地對牛頓說：「我的朋友，我知道你一直在數學和幾何學領域進行著執著的研究；我給你一些題目做做，它們曾經是我過去考慮過的一些問題，可以測測你的能力⋯⋯你要努力工作、學習。但是要適可而止。最好的方法就是利用人們已經取得的知識，這是我的經驗之談。」

這封信一經發表，馬上就引起了學術界的軒然大波。信的內容很快從各個管道散播出去，其引起的爭端也馬上上升到了國際層面。法國科學院的大多數院士都對這封信的內容深信不疑，作為法國人，他們相信「萬有引力」這麼偉大的發現者是法國人的驕傲帕斯卡，而不是英國人牛頓。根據日期進行判斷，最後可以得出結論，帕斯卡對萬有引力的發現早於牛頓整整40年。

對於法國人做出的結論，英吉利海峽對面的英國人發出了強烈反對的聲音。英國愛丁堡科學院的科學家們指責說，這封信的內容極其荒謬，一定是偽造的。曾經寫過牛頓的傳記作家大衛‧布魯斯特也提出自己的看法。他表示，由於他曾經寫過牛頓的傳記，所以說他對牛頓的生活等各方面都做了一定的瞭解。他說：「我查看了牛頓所有由他的後人收藏的，現在保存在赫茨伯恩派克故居的檔案，我確信帕斯卡和牛頓從來沒有通過信。1654年那時候牛頓才11歲，還做著他那個年齡的孩子的事情，玩風箏、飛盤……」法國和英國，為了自己國家的榮譽，雙方始終各執一詞，一時爭執不下。

就在雙方進行激烈對峙的時候，米歇爾又公開了另外一封信，這封信是牛頓的媽媽寫給帕斯卡的，信上說：「非常感謝你對我兒子的好意。」這封信一經面世，更加引起了大家的質疑。讓所有人都沒想到的是，米歇爾竟然又拿出了一封帕斯卡的媽媽寫給自己好友聖‧艾烏蒙的一封信，在信中她說自己的兒子發現了萬有引力，這讓她覺得非常的自豪。

面對著接二連三的信件，大家除了驚詫之外，還覺得十分好笑，然而圍繞著幾封信的爭執也越發升級了。一時間，似乎全歐洲的人都關心起這件事情來，大家都在議論著，究竟事實的真相是什麼。有好幾個學者證明，在帕斯卡的年代，當時的人們無論是從天文知識，還是從數學知識中

都不足以推論出萬有引力這樣的定律。

爭論的雙方都有各自的道理，而且又都能夠拿出一些證據來證實自己的說法，一時間還真不好判斷究竟誰說的才是真的。就在此時，米歇爾出乎人意料的竟又拿出了一封信，這封信是1641年伽利略寫給帕斯卡的。在信中，伽利略教給帕斯卡足夠的天文學知識，這件事情一爆出，讓所有的天文學家都唏噓不已。整個事情的發展好像是一場博弈，而這些一封接一封的信件，似乎正在迎合著大家的猜疑，這怎不能不引起大家的關注。伽利略在信中談到了土星光環，但是敏銳的人們指出這是不可能的，因為土星光環是在15年後由荷蘭人惠更斯發現的。另外還有一個很大的疑點，那就是當時伽利略已經失明4年之久，根本沒有辦法寫信。

面對種種的反駁，米歇爾說伽利略很可能當時是假裝失明，因為他想要躲避宗教系統對他的迫害。至於惠更斯對土星光環的發現，那是在一次拜訪帕斯卡的時候對這項發現的偷竊。

眾所周知，惠更斯是荷蘭人的驕傲，這件事情猶如炸彈一樣，在荷蘭引起了一聲巨響。事情波及的範圍似乎越來越大，荷蘭人馬上對這種說法做出了斥責。而這時候作為伽利略同胞的義大利人也已經忍無可忍了，他們覺得伽利略不應該在這場唇槍舌戰中被拋來拋去，就這樣，這場論戰一直持續了三個多月。

　　米歇爾是這場論戰的發起者，似乎並沒有被眾人的氣勢壓倒，反而不斷地拿出新的信件來作為自己的證據並為自己辯護。

　　1869年10月26日，事情終於有了新的轉機，著名的天文學家勒維耶獲得了同事們的支持，他試圖讓科學院認識米歇爾的這些信件內容壓根就是虛構的。在事件發生的整個過程當中，信中的很多年代資訊都是完全錯誤的。勒維耶是當時唯一從一開始就認為這些信件有可能是虛假的人。

　　米歇爾，這個讓事態一直不斷升級的資訊提供者，並沒有想到事情會發展到這個程度，他也開始懷疑自己提供的消息可靠性。但是他的朋友們都非常支持他，並希望他能夠去告那些誹謗他的科學家。米歇爾的確去了法院，但是被起訴的並不是那些一直反對他意見的人，而是要求法官逮捕一個叫做鄧尼斯・弗蘭・盧卡斯的人。

　　盧卡斯是米歇爾的祕書，也是他的同鄉，米歇爾就是透過這個人從另一個人那裡購買到這些讓他深陷苦惱的信件。除了這些信件，米歇爾還打算另外購買三千多件手跡，雖然事先已經商定好，但是米歇爾怕盧卡斯會因為擔心事情對自己有所不利，而帶著這些信件逃跑，於是來到法院將盧卡斯提告了。米歇爾堅持對員警強調自己的看法，他說：「我擔心他可能會把這些無價之寶賣給外國人！」

　　很快的，員警便逮捕了盧卡斯。盧卡斯沒想到事情會發展到現在這步田地，他自己也非常害怕，但是他根本沒有

想過要逃跑。

現在，他不得不在公眾面前承認自己偽造信件的事實。他經常去國家圖書館查找伽利略或者帕斯卡的信件，然後偷偷撕下那些舊書上的紙張作為自己寫信的信紙。米歇爾從他那裡購買了超過600個名人的信件，信件總數加起來接近3萬封。後來，這些信件中的一部分在報紙上發表，引起了民眾廣泛的嘲笑。

盧卡斯出生於1818年，他的家鄉在靠近沙托頓的拉內雷。他的家庭一直是靠農作維持生計，這樣的生活並不能讓盧卡斯一直保持安穩生活的心態。從小，盧卡斯就是個擁有勃勃野心的人。他透過自學，成為了沙托頓的一個訴訟檔案保管員，然而這樣的生活並不能讓他得到滿足感。他獨自一人來到巴黎，想在國家圖書館裡找份工作，但最後卻因為沒有中學畢業證書而遭到拒絕。

後來，他在一間家譜陳列館裡找到了一份推銷員的工作，這份工作只能讓他勉強維持生計，卻無法給他帶來更大的上升空間。他在平時的業餘空間經常去圖書館看書，漸漸地，他開始模仿古代名人的筆跡，並且感到這是一件非常有趣的事情。就在此時，命運垂憐了這位喜歡讀書的盧卡斯，他遇到了自己的同鄉米歇爾。最開始的時候米歇爾買走了「莫里哀」的信件，到後來是更多的名人信件被米歇爾逐一買走。

盧卡斯先把那些偷來的紙張在蠟燭上熏黑，然後開始炮

製自己的作品。盧卡斯在法庭上說，自己之所以能夠孜孜不倦，甚至毫無止境的偽造這些信件，是因為米歇爾對這些信件的需求似乎總是沒有止境的，米歇爾對名人信件的上癮追捧，就是盧卡斯不斷偽造的動力。

盧卡斯說：「米歇爾要求我再帶些別的信件來給他。他給我列了一個長長的名單，上面都是他非常想要的名人信件。他對我說，如果我能找到這些信件，他會把它們做成專輯出版。」

1870年2月24日，盧卡斯的案子開庭審理，在法庭上，盧卡斯承認了自己偽造的事實。他曾經賣給米歇爾將近3萬件偽造的作品，總金額達到了15萬法郎。米歇爾作為受騙者被帶上了法庭，他說盧卡斯是自己的同鄉，並且述說了自己被騙的整個過程，在此期間他一直稱呼盧卡斯為「盧卡斯先生」，這無不引起了在場眾人的哄笑，甚至在他離開之後有人評價他說：「這個院士是一頭蠢驢。」

盧卡斯的辯護律師為其做了一次非常精采的辯護，他避開了被告偽造信件的重點，直接提出新的觀點：被告是一個愛國主義者。

他說：「我的當事人一直都在保衛著法國，不僅僅在他偽造的牛頓與帕斯卡的信件當中可以看到這些，而且在其他信件中也一樣可以找到。比如泰利斯在寫給高盧國王安畢噶的信中建議他如何去通知他的人民；埃及艷后克婁巴特拉要把兒子送到馬賽就學；拉撒路也選擇了馬賽作為他

後半生的棲息地。他的這些做法難道不令人欽佩嗎？」聽到這些論斷，在法庭上頓時響起了雷的掌聲，導致無法安靜下來讓法官進行宣判。

最後法官判決盧卡斯入獄兩年，罰款500法郎。即便如此，盧卡斯實際上還是賺了十幾萬法郎，沒有人知道他出獄之後會怎麼樣處理這筆錢。

這場搞笑的騙局暫時落幕了，讓人奇怪的是，米歇爾從來不認為盧卡斯犯過什麼罪，他在幾年之後仍然說過：「你們怎麼能夠相信所有這些信件都是出自一個既不懂拉丁文，也不懂義大利語，或是別的什麼學科的人之手？這裡面一定有祕密。我們不能就這樣下結論。」

1880年，米歇爾逝世，在人生的最後一刻，他也沒有表達過對盧卡斯的不滿，在最後的歲月裡，他把所有的贗品信件留給了國家圖書館，而這些信件至今還一直保存在那裡。

被賣了兩次的艾菲爾鐵塔

　　1925年的盛夏，在格里洋酒店的一個會議室中，巴黎五個最大的廢鐵商齊聚一堂，他們是來參加維克多專門準備的雞尾酒會的。幾天前，他們同時收到了維克多寄來的政府信件，信中說酒會上維克多會和他們談一樁生意，而這樁生意會是他們極其感興趣的。

　　如約而至的廢鐵商們焦急地等待著，而維克多似乎故意在賣著關子，遲遲不肯露面。就在大家都議論紛紛的時候，誰都沒想到維克多卻說出這樣的話：「先生們，你們不會不清楚市政府現在為了解決巴黎最寶貴的文物而遇到的困難。我今天邀請大家過來，就是想和你們談談關於艾菲爾鐵塔的問題……」

　　這名叫做維克多的人到底是什麼來歷？他竟然要和廢鐵商談論艾菲爾鐵塔的問題，那究竟又是什麼問題呢？當廢鐵商們都瞪大眼睛仔細聽維克多所說的話時，殊不知，他們正身處一場巨大而又荒誕的騙局之中。

1890年，在捷克共和國北部霍斯廷內的一個富人家裡，伴隨著響亮的哭聲，一個小嬰兒出生了，父親為他取名維克多・拉斯提格。

維克多的父親是一個工業家，同時還擔任著小城的市長職位，所以維克多的家境一直不錯。父親以及全家人都望子成龍，對維克多給予了厚望，從小就把他送到最好的學校念書，讓他受最好的教育。

在學校裡，維克多是老師眼中好學生的典範，他不但英語和法語都學得非常好，而且在文學方面也是極有天賦的。每次提到這個學生，維克多的老師都對他讚不絕口，說他思維敏捷並且有洞察力，將來如果當一名律師一定能夠有所成就。

19歲的時候，維克多不負眾望，順利地通過了律師考試。但是他不甘心，每次想到自己還要努力十年，甚至二十年才有可能成功，他就唏噓不已。雖然家人對他的期望很高，但是他自己並不想透過家人為他設計的道路獲得成功，他內心已經為自己的成功之路畫好了藍圖。於是，維克多背著家人，孤身來到了巴黎尋求發展。在巴黎，他的第一個目標就是發財，維克多發誓，無論要透過怎麼樣的方法和手段，只要能迅速發財就可以嘗試。

巴黎，對於一個急於發財的年輕人來說就像一個聚寶盆，可謂遍地是機會。維克多初到巴黎，就開始利用自身的優勢來尋求行業。

　　維克多身材挺拔，行為儒雅，一頭金色的頭髮讓他看起來特別具有貴族氣質，而這些特質讓他對女性總是充滿了特別的吸引力，於是他決定從事拉皮條的生意。

　　維克多在這個行業做了一段時間之後，覺得並不像自己想像的那麼容易，尤其是他有一次和別人發生暴力衝突的時候，對方在他臉上劃了一刀，這更讓他覺得自己應該儘快離開這個行業。

　　在此之後維克多又找到了一份新的行業，就是在往返勒阿弗爾和紐約之間的渡輪上玩紙牌。在頭等艙舒適的環境和奢華的裝飾下，維克多覺得非常舒服，他和那些搭船往返的富商們一邊玩牌一邊耍著他的小伎倆，每趟都可以賺一千到兩千美元，雖然不是特別多，但是維克多覺得這樣的生活非常愜意。正當他打算長期從事這個行業時，與一個人的意外相遇徹底改變了他的想法和未來生活的軌跡。

　　那是他的第十次遊輪之路，傍晚，維克多剛從一個美國人那裡贏得幾百美元，一個看起來有些閱歷的人迎面向他走來，並開始和他打招呼：「你好，我叫尼奇・安斯坦，剛才我一直在觀察你，我發現你很有天賦，只是還需要一些指點。」維克多聽到這話顯得十分詫異，當問起這個人的來歷之後他明白了，原來這個人是他的同行，在這行有著非常豐富的經驗。尼奇說：「人們做這一行，往往把注意力集中在如何提高自己的牌技或者如何作弊上，實際上，更重要的是我們如何讓對方陷入一種只能自己為難，但是

又拿我們沒有辦法的地步。」說完這句話，尼奇指了指了一個坐在他們右手邊的老人，然後繼續說：「看那個人，他是波士頓的一個大工業家，一上船我就開始注意他了，現在就讓我示範一下給你看。」

尼奇來到工業家身邊然後很自然的和他攀談，幾分鐘後，工業家提出了建議：「我們為什麼不玩兩把呢？」尼奇突然顯得忐忑不安，站起來說：「先生，雖然我很想在這無聊的旅途中和您增添一點樂趣，但是請恕我直言，透過剛才的談話我非常敬重您，所以現在我必須向您承認我是一位職業玩家。您知道這意味著什麼嗎？我並不想占您的便宜，所以我看我們還是別玩了。」工業家吃驚地看著尼奇，既開心又激動，和一個專門騙錢的人玩牌，那一定會是很刺激的事情，於是他堅持要和尼奇玩兩把。直到第二天早上，尼奇已經從工業家手中贏了五萬美元，但是工業家不但絲毫沒有表示憤怒反而依然非常興奮地和尼奇繼續打牌。

維克多在一旁靜靜地觀察著，這次經歷也讓他明白了，僅僅騙人是不可取的，一定要把對手置於一種只能自我埋怨的地步才算真正的高手。在接下來的五年中，維克多一邊在渡輪上繼續賺錢，一邊學會了如何選擇行騙對象，以及如何設計騙局，進而把他們置於自我埋怨的結局之中。

1914年，隨著政治時局的改變，在渡輪上行騙的工作變成了一份隨時可能被德國人的魚雷炸死的行業，於是維

克多不得不就此結束了自己的渡輪行騙生涯而定居美國。

在美國，維克多繼續奉行著尼奇的行騙準則，到處尋找可以行騙的機會。有一次，維克多聽說在堪薩斯州一個名叫做薩利那的小鎮上有一座農場急於出售，農場上有一棟破舊的老房子，總價值不會超過15000美元。當時維克多拿著一張25000美元的假票據，略微一想就設計好了一個騙局。

維克多經過打探得知，這個老房子的主人已經破產了，所以現在房子的所有權人是當地的一家儲蓄銀行。維克多帶著滿滿的自信在銀行中會見了經理，當他提出打算用25000美元收購老房子的時候，經理顯得非常驚訝，並且馬上就答應帶維克多到老房子的現場去看一看的要求。當維克多看到農場貧瘠的土地和破舊的房子之後輕描淡寫的和經理說：「我明天會把25000美元拿到你的辦公室，相關的文件麻煩你準備好。」

第二天，維克多帶著一個棕色紙包好的紙包以及自己的25000美元的假票據來到銀行，銀行經理非常高興地接待了他。簽好協議之後銀行經理收下了紙袋，維克多問：「您不用清點一下嗎？」這位經理已經被大賺一筆的喜悅沖昏了頭腦，馬上說道：「先生，您別嘲笑我了，我知道您是個紳士。」緊接著維克多把25000美元的假票據也擺到經理面前說：「我這裡還有25000美元的票據，您能幫我兌換一下嗎？」急於達成這筆交易的銀行經理馬上就答應了維克多的要求，從保險櫃中取出了25000美元現金交給了他。之

後兩個人相互握手告別，維克多就這樣輕鬆地騙取了銀行25000美元。

在銀行經理發現棕色紙袋中並沒有現金而僅僅是報紙，維克多給他的票據也是假造的之後非常氣憤，馬上請了私家偵探對維克多進行追捕。但讓他沒想到的是，維克多並沒有拿著騙來的現金逃之夭夭，而是悠然地在一家酒店中休息。

當偵探走到維克多面前的時候他並沒有驚慌，而是充滿挑釁地說：「你們要我怎麼樣？是要抓我去坐牢嗎？如果真是這樣的話，我看我不得不向公眾說一些對銀行不利的話了。我真的很難想像，當銀行的客戶得知銀行將一幢不值15000美元的房子以25000美元出售的時候他們會怎麼想！你們銀行這麼輕易的就被騙走了這麼多錢，我想你可以問問銀行負責人他到底想怎麼辦。」當其中一名偵探與銀行負責人通話的時候，他臉上的表情已經讓維克多明白了電話那邊銀行負責人的狀態，他拍了拍偵探說：「請他再付1000美元給我，否則我寧願去坐牢也要讓這個案子公開審理。」就這樣，維克多又如願以償地得到了1000美元。

1952年初，維克多帶著大量騙來的金錢重返巴黎，他這次來到巴黎盡情地揮霍，享受著自己用各種手段詐騙來的財物。就這樣，維克多很快的就花掉了大部分的財產，於是他決定重操舊業。

7月分的一天，維克多在報紙上看到了一篇報導，新聞

上說，政府現在正因為艾菲爾鐵塔而大傷腦筋。艾菲爾鐵塔要進行定期的修理，這筆費用非常巨大，以致於政府現在正尋求捐款人，在消息的最後記者還評論道：「為什麼政府不乾脆把艾菲爾賣掉呢？」這則消息一下子啟動了維克多的腦神經，他一遍又一遍地閱讀著這則消息，最後露出了得意的笑容……他這次決定替政府「賣掉」艾菲爾鐵塔。

在這場維克多精心編造的謊言中，五位廢鐵商聚精會神地聆聽著他的談話，維克多對著他們侃侃而談：「各位尊敬的先生們，本人很榮幸受到共和國總統加斯東·杜梅格和議會主席的委託，在此邀請各位。我希望各位對今天我所說的所有內容進行保密，巴黎政府準備出售艾菲爾鐵塔，而本人就是這次項目的發標人。鐵塔拆除之後將會有700萬噸的廢鐵進行出售，當然這筆生意政府將讓在座各位出價最高的公司來做。在各位做出決定之前，我有權帶你們去參觀鐵塔，但是一定要保守祕密。」

為了讓自己的騙局更加逼真，維克多帶著五個商人去參觀了鐵塔，在售票處，他直接略過排著長隊的遊客，來到視窗遞上了自己的名片然後指了指身後說：「這五個人和我是一起的。」然後就大搖大擺地過去了，這樣的舉動在大家看來維克多的確是一名政府官員。

八天之後，維克多收到了第一個報價，廢鐵商人普瓦松就是那個自以為幸運兒的受害人。維克多並沒有等到其他人的報價而是直接與其達成了協定。當維克多拿到普瓦松

付給他的錢，當晚就馬不停蹄地離開了巴黎，而普瓦松在得知自己被騙之後卻並不敢報案，因為他實在是害怕別人嘲笑自己竟然連這樣荒誕的謊言都會相信。但是即便如此，消息還是傳開了，普瓦松也成了眾人的笑柄。

在多年的行騙生涯中，維克多可謂戰績輝煌，但是同時他也是監獄的常客。他一共被抓進監獄48次，而其中的47次他都只在監獄中待不到兩個星期，這都是因為這些受害者怕遭到別人的嘲笑，最後都放棄了對維克多的起訴。

讓維克多身陷囹圄的是一位商人，那一次是因為他愛上了一個叫做艾斯戴爾・威尼斯的18歲女演員。為了幫自己的情人籌到拍電影的錢，維克多故技重施，但是那個受害人卻毫不留情地把他告上了法院，最後他終於在逍遙法外多年之後，被判了20年的刑期。在入獄13年之後的1947年，維克多死在了獄中。

■ 希特勒的日記

　　1983年4月，著名的《明星》雜誌向全世界發表了一篇
報導，這篇報導一面世，瞬間在全世界的新聞界引起了軒
然大波。報導的內容是：發現希特勒手寫的日記62卷。

　　如果希特勒的日記真的被發現了，那麼毫無疑問的，這
將會是全世界最大新聞。所有得知這個消息的媒體，一時
間全將目光集中在《明星》雜誌上，都希望能從中分一杯羹。

　　讓大家萬萬沒想到的是，《明星》雜誌的主編們，都以
為他們這一次獲得了有史以來心靈最陰暗的獨裁者，隱祕
日記的出版權，但實際上這僅僅是個大騙局。隨著時間的
推移，最後被證實《明星》花了數百萬美元所購買的所謂
希特勒日記，實際上並不是真正出自希特勒本人之手，而
是一位精明的騙子精心設下的騙局。

　　阿道夫‧希特勒是奧地利裔德國政治人物，1921年成
為了納粹黨的領導人，1933年被民眾推選為德國總理，1934
年成為德國元首。在第二次世界大戰期間，他擔任了德國

武裝力量的最高統帥，被公認為二戰的發動者。

在二戰前期，德國對歐洲、北非、東亞及太平洋諸島進行了大規模的侵略戰爭。1942年後，盟軍開始進行反攻，希特勒的軍隊也開始漸漸從進攻變為防守。1945年德國戰敗，希特勒也驟然退出了歷史的舞台。

希特勒對全世界的人們來說是一個傳奇。他是一個並非在德國本土出生的人，既沒有相關的政治經驗，也沒有資金和政治背景，但就是這樣一個人，最後竟然成為了德國的元首，不但如此，他還發動了改變世界歷史進程的第二次世界大戰。他的高深莫測是一個未解之謎，也給人們留下了一團團疑惑。

格爾德・海德曼是德國《明星》雜誌的一名記者，1979年秋天，他應邀造訪了一位名叫斯蒂菲爾的收藏家，這個人收藏了很多與納粹相關的歷史文物。斯蒂菲爾在自己的陳列櫃裡擺滿了他所收藏的文物，海德曼在其中一個櫃子裡發現希特勒的一些繪畫和信件，這馬上引起了他的好奇。

海德曼本人是一個對納粹歷史特別感興趣的人，他不但有著納粹歷史愛好者的熱忱，同時還具備著一個優秀記者的敏銳洞察力。他在展櫃面前仔細地欣賞著裡面的展品，突然間，一個展品吸住了他全部的注意力。那是一個黑色的本子，封面非常像書，當他問斯蒂菲爾那是什麼的時候，斯蒂菲爾非常得意的說：「這本是納粹頭子希特勒的私人

日記，據說一共有62卷，我這裡只是其中的一卷。」

海德曼聽到這個消息非常激動，他雖然對希特勒本人很有興趣，但卻從來沒聽說過希特勒有寫日記的習慣。日記幾乎是一個人最為私密的物品了，一般人們都把自己最隱祕的想法藏匿在日記中，而這位在外人看來慘無人道的納粹頭子心中到底有多陰暗呢？無數的問號和好奇心充斥在海德曼的心裡。希特勒到底在日記中寫了什麼？這恐怕連他最親密的夥伴都不知道。

海德曼愣在那裡，但他的腦子此時卻在飛速地運轉著，他知道如果這本希特勒的日記是真的，那這東西的公開，對歷史學家們來說是一件非常好的事情。

這本日記不但能讓人們更加瞭解這個邪惡的人，究竟有著怎樣的內心世界，而且如果將其報導，那將是振動全世界的獨家新聞。想到這裡，海德曼的心跳不斷地加快，他想，如果能夠得到這批日記，那麼他就得到了20世紀最轟動的新聞報導權，這不但能夠讓自己在新聞界風生水起，而且也將得到豐厚的報酬。

海德曼非常清楚，憑藉著自己的財力，他肯定沒有辦法買到這批日記，所以他打算爭取德國《明星》雜誌的支持。在把這個消息告訴《明星》雜誌之前，海德曼的當務之急，就是確定這批日記的真偽。

海德曼最開始做的事，就是確定斯蒂菲爾的日記是從哪裡得到的。斯蒂菲爾說：「據我所知，在戰爭後期，載

著元首個人物品的飛機在一個叫做波爾尼爾多夫的村莊墜毀，這些個人物品當中就有著一批希特勒的私人日記。」得到這個消息的海德曼馬上決定親自去波爾尼爾多夫進行調查。

很快的，他就得到了自己想要的結果：1945年確實有一架飛機在這個村莊墜毀，記錄在案的資料顯示，這是一架裝著希特勒個人物品的運輸機，型號是容克JU352。在海德曼的調查過程中，他聽說希特勒在得知飛機墜毀之後還感歎說：「我的所有個人資料都在飛機上，本想作為遺產留給我的子孫後代，這個損失太大了。」

波爾尼爾多夫附近的人說，希特勒的日記在墜毀飛機的物品當中，一個在1945年參加搶救的村民拿到了它們，然後這些東西被一個東德人發現。希特勒當時的納粹黨衛軍飛行大隊的頭目漢斯・波爾將軍，也在之後證實了當年確實有一架載著希特勒個人檔案資料的飛機在波爾尼爾多夫附近墜毀。這一切的證據都顯示了希特勒的日記確實存在，而且很可能已經被人拿到。

海德曼透過調查還獲知，在墜毀的飛機現場，人們發現了一個裝滿文件的箱子，而希特勒的日記就是在這個箱子裡面。而現在還有27卷日記，在一個叫做康拉德・費希爾的人手裡。

海德曼透過一系列的調查，最後得出了讓自己非常興奮的結論，那就是希特勒的日記是真實存在，而且現在幾乎

可以讓他唾手可得。帶著這些消息，海德曼第一時間回到了《明星》雜誌，並且向老闆建議雜誌社能夠出資購買這批日記。《明星》的老闆經過慎重考慮之後，最終決定出資八十萬美元購買日記。得到應允之後，海德曼就開始著手尋找費希爾這個傳說中擁有希特勒日記的人。

經過了幾番周折，海德曼終於找到了費希爾，但是當費希爾聽說他打算購買自己手中的希特勒日記的時候，似乎並不是十分高興。不過，他在經過了一段時間的考慮之後，最終還是沒有抵得住這麼一大筆錢的誘惑，同意了海德曼的請求。

但是他有一個條件，那就是海德曼不能洩漏他的身分，海德曼馬上就答應了他的條件。其實海德曼並不知情，費希爾這個名字本來就是一個假名，他的真實姓名叫做康拉德・庫亞烏，也就是以「希特勒的日記」騙局而臭名昭著的大騙子。

1981年1月，第一本希特勒日記被郵寄到了《明星》雜誌的編輯部，緊接著越來越多的日記也被送到了編輯部。雜誌的老闆欣喜若狂，海德曼對他說，在運送希特勒私人物品的運輸機墜毀之後，日記落入了一個東德將軍手中，後來這位將軍將日記藏在鋼琴中，然後一本一本的將其走私出境。

《明星》雜誌的老闆顯然接受了海德曼的解釋，並且為一本一本不斷出現的「希特勒日記」付出越來越多的金錢。

因為他看到了這些日記潛在的價值，他確信一旦他們將這個爆炸新聞轉賣給其他媒體，到時候他們將會賺到更多的錢。

隨著日記數量的變多，海德曼祕密地告訴老闆，希特勒的日記數量不只是之前聽說的27卷，而是還有更多。每一卷新日記的出現，都會讓所有人更加激動，不僅庫亞烏和海德曼可以從中得到大筆的好處，就連《明星》雜誌的老闆，此時也正滿懷著希望。因為對他來說，日記的數量越多，它的潛在價值也就越大。從1932年到1945年，雜誌社一共得到了62卷希特勒日記，相對的，他們也為此支付了400萬美元。

在把這些日記轉手之前，《明星》雜誌社的老闆決定對其進行一次真偽的鑑定，因為他清楚，如果出現問題，雜誌社將會付出巨大的代價，也會被業界恥笑。為了鑑定，雜誌社聘請了幾位筆記專家，他們把日記與海德曼在德聯邦檔案館找到的希特勒筆記影本進行對比。

最早為日記做鑑定的是瑞士專家馬克斯・弗瑞蘇爾茲博士和美國專家奧德威・希爾頓，這兩個人分別影印了幾頁日記，然後將其與從德聯邦檔案館裡的希特勒手跡進行對比，最後的鑑定結果是，筆記完全吻合。

《明星》雜誌的老闆面對著這樣的結果大喜過望，他已經迫不及待的想馬上出版這些新聞，並且把再版權賣給美國《新聞週刊》等知名雜誌。就是這樣草率的決定，最後導致了這場騙局沒有能被及時的揭露出來。

其實，《明星》雜誌社在鑑定希特勒日記真偽的過程中，犯下了非常大的錯誤。在最開始的時候，《明星》雜誌對到手的希特勒日記保護的非常嚴密，他們沒有將它公之於眾，甚至連一些對希特勒筆跡很有研究的歷史學家們也沒有機會見到這些資料。

如果這些專家能夠看到《明星》雜誌收藏的所謂的『希特勒日記』，那他們一定能夠在毫不費力的情況下，鑑別出日記的真假。事實上，這些日記上面書寫的筆跡非常撩亂，與希特勒本人的筆跡幾乎沒有相同之處。

雖然《明星》雜誌請來的鑑定專家們，在筆跡鑑定方面也都是權威人士，但是取巧不成書，讓這些人萬萬沒想到的是，他們找來的對比樣本竟然也是一些「假貨」，而且竟然與「希特勒的日記」出自同一人之手。所以，鑑定專家們得出的最後結果是筆跡完全吻合，也就不足為奇了。如果當時能夠找到一份真正的希特勒的筆跡，那麼即便不是筆跡鑑定專家，也可以一眼就能看出其中的不同。

1983年4月25日，《明星》雜誌上登載了一篇爆炸性的新聞，這期雜誌的封面上是一個黑色的封皮日記本，上面赫然寫著「發現希特勒日記」的字樣。

這個消息一經被曝出，馬上引來了媒體界的騷動，美國的著名新聞雜誌《新聞週刊》、法國的權威雜誌《巴黎競賽畫報》、英國的《星期日泰晤士報》等中量級報刊雜誌，紛紛向其拋出橄欖枝，並展開激烈的價格競爭，都試圖能

夠得到部分或者全部地轉載希特勒日記的版權。《明星》雜誌的老闆對現在的情形非常滿意，因為他之前的所有努力和投資即將得到豐厚的回報。

日記的內容被一篇篇的呈現在世人面前，它無疑地向人們展示了希特勒所不為人知的心靈那一面。如果這些日記都是真的，那麼希特勒很有可能並不像世人所瞭解到的那樣，是一個殘暴的獨裁者。相反的，他反倒更像是一個具有慈悲心的人。因為根據日記中的記載，他似乎對遍布整個歐洲的集中營事件並不十分瞭解。他甚至在日記中寫到，他要將猶太人驅逐到其他的國家，而不是要將他們趕盡殺絕。

看到了這樣爆炸性的消息，《新聞週刊》等報刊的出版商們更加坐不住了，他們都急於將這麼重磅的消息登載在自己的報刊上。如果真如日記中所講，那麼事實上就是全世界的人都誤會了希特勒，這麼爆炸性的新聞，一定能夠吸引大批的讀者，也能夠帶來非常可觀的利潤。但遺憾的是，大家的發財夢永遠都不可能實現，因為他們正在一場騙局之中越陷越深。

日記被陸續出版之後，引起了民眾的極大回響。一方面大家震撼於真相竟然如此不為人知；另一方面，一些曾經親身經歷過那段殘暴歷史的人，開始對日記的真實性產生了強烈的質疑。

儘管筆跡鑑定學家出面證明了希特勒日記的真實性，但

這依然很難說服那些曾經遭受過不幸的當事人。希特勒日記在當時引起了很多混亂，因為日記中的記載與人們所瞭解到的歷史，實在有太多的地方互相矛盾。

日記終於還是出版了，但伴隨而來的則是更加強烈的質疑。有一些對希特勒非常瞭解的歷史學家站了出來，他們指出，希特勒的個性是非常討厭寫東西的，而納粹集團裡的一些心腹和他的祕書都說，希特勒平時也沒有寫日記的習慣。在內容方面，希特勒日記也引起了很多人的懷疑。歷史學家大衛·歐文指出日記中的一些記載根本就與歷史記錄不相符，另外日記的紙張也明顯不是那個時代的。在反駁高潮的最後，一些專門研究希特勒筆跡的專家們指出：日記中的筆跡與希特勒的筆跡並不相同。

這麼多的疑點，再也無法讓與希特勒日記相關的人們沉默不語了，最後西德聯邦檔案館決定介入調查此事，他們利用科學的方法對日記進行了反復的檢查。

1983年5月6日，檔案館公布了自己的調查結果：日記所用的紙張、墨水以及膠水都是在二戰之後生產的，這也就意味著，在希特勒死之後這本日記才出現在世界上。騙局到此總算落下了帷幕，《明星》雜誌最後只能承認自己出鉅資購買的希特勒日記，實際上是毫無價值的偽造品。

經過進一步地調查發現，之前的筆跡對比之所以完全吻合，是因為筆記專家們最早作鑑定所用的那份對比文件，也是出自同一個人的作品。真相終於大白於天下，原來這

個騙局的幕後主使者是一個名為康拉德・庫亞烏的人，他是一個對希特勒十分崇拜的人，透過偽造的歷史，他已經成功騙取了幾百萬美元，也因此讓他成為20世紀最張狂的造假者之一。

《明星》雜誌的這次事故，牽連了很多人，雜誌社的很多編輯，包括海德曼在內最後都引咎辭職。《明星》雜誌的創始人亨利・南尼在得知真相的幾天之後起訴了海德曼，控告他偽造了希特勒的日記，損害了《明星》雜誌的名譽，並為其造成了巨大的經濟損失。

海德曼出於無奈，最後只能供出了費希爾。警方經過調查，很快就發現了費希爾只是一個假名字，而他的真實名字叫康拉德・庫亞烏，他是一名專門從事偽造的罪犯。1983年比利・普賴斯所著的一本名為《希特勒：鮮為人知的畫家》中就有四分之一的繪畫作品是庫亞烏偽造的。

《明星》雜誌聘請的鑑定專家最初會上當的原因之一，就是庫亞烏早期大量散播他的偽造作品，進而導致筆跡專家們，在最開始用作筆跡鑑定對比的希特勒信件就是他偽造的，而且他的這些偽造作品還在一些機緣之下，被放進了博物館中。

《明星》雜誌在這起騙局中是最大的受害者，但其實如果在最初拿到希特勒日記的時候，他們能夠更謹慎地對待一些，多做幾次科學的檢驗，結果一定不會是現在這個樣子。

經過後來調查，日記所用的紙張中的漂白劑和線繩，都

是50年代生產的東西。而化學測試也顯示，日記上所用的墨水也是現代產物，而且還是不久之前才被寫在紙上的。雖然這些技術上的問題，可能不足以引起大家的注意，但是日記本身的內容也存在著很多問題。如果仔細閱讀日記內容，就會發現其中記述的一些歷史，與真正的歷史記載是不相符的，但讓人遺憾的是，《明星》的編輯們並沒能及時發現這些。

日記中的很多資料都是庫亞烏從一本由馬克斯‧多馬魯斯寫的《希特勒講話和公告》中抄來的，這些明顯的線索也都被忽略了，種種疏忽最終導致了《明星》雜誌的上當結局。

基於以上的原因，法官在裁決中指出，雖然庫亞烏和海德曼是這場騙局的始作俑者，但是《明星》雜誌的編輯們也難辭其咎。因為他們太過於輕信別人的資訊，認為自己真正擁有了世界上最為轟動的新聞材料，發財心切，被蒙蔽了，雙眼最終才陷入了騙局。那麼有人不禁要問了，這個能夠製造了如此大的騙局的庫亞烏究竟是誰呢？

康得拉‧庫亞烏是一個德國人，出生於1938年6月27日，中產階級的家庭為他提供了良好的生存環境。庫亞烏的父親是一個狂熱的希特勒支持者，在他6歲的時候父親去世了。父親去世之後，庫亞烏的生活馬上陷入了困境，母親沒有固定的經濟來源，也沒有足夠的能力撫養他和妹妹，最終只好將兩個孩子分別送到了不同的孤兒院。

在孤兒院的庫亞烏顯現出了自己的繪畫天分，而且在做事的時候他經常會耍一些小聰明。庫亞烏最喜歡的消遣就是畫希特勒的肖像，這是他父親的偶像，同時也是他從小最崇拜的人。讓所有人都想不到的是，庫亞烏長大之後竟然依靠天賦，把自己變成了歷史上最狂妄的偽造者，並且愚弄了全人類。

離開孤兒院之後，庫亞烏從事過許多工作，其中包括鎖匠，為人擦洗窗戶，當過侍者，但是時間都不是很長。

1957年6月，庫亞烏從東德來到了德聯邦的斯圖爾特，就是在這裡，他開始謀劃自己的各種犯罪計劃。庫亞烏曾經因為很多罪名入獄，例如偷盜、入室行竊以及擾亂社會治安，但因為罪行都不是很嚴重，所以在監獄裡的時間並不是很長，其中最長的一次也只有8個月的時間。

1963年，對悲慘的生活再也不堪忍受的庫亞烏，做出了一個大膽的決定，他要利用他的專長來騙取財物，從此他的造假生涯就開始了。

伊蒂絲是庫亞烏的女朋友，兩個人相識之後馬上就結婚了，為了生計，兩人成立了一個清潔公司，雖然平日裡非常辛苦的工作，但是收入依然很難滿足兩個人對生活的要求。生活的拮据促使庫亞烏動了歪腦筋，最終走上了造假詐騙這條道路。

20世紀70年代初期，庫亞烏開始收集第二次大戰中納粹帝國的文物，聰明的他，很快就成為了西德第三帝國文

物的最大收藏者。在倒賣這些文物的時候庫亞烏髮現，如果利用自己的特長造假，就可以多賺取兩、三倍，甚至是更多的利潤。在造假的過程中，偽造希特勒的繪畫作品無疑是最讓庫亞烏得意的。讓他驚喜的是，一些客戶竟然對他提供的作品毫不懷疑，因為這些商人似乎沒有什麼鑑賞作品真偽的能力。

當海德曼幾經周折找到庫亞烏之後，庫亞烏起初並不是十分願意做這筆交易，因為他擔心自己的偽造品一旦向公眾展示，他的騙局勢必會被一些專家識破，那他之前所有的偽造行為就都會被揭露，自己也將身陷囹圄。海德曼也察覺到這位賣家似乎並不喜歡與自己有太多的接觸，於是他找到中間人來代為交涉。但因為涉及的金額太多，兩個人最終還是決定見個面。

雖然庫亞烏知道這筆交易背後的風險巨大，但是他最後還是沒有禁得住大把金錢的誘惑而同意了這筆交易。在交易以前，兩個人達成協議，海德曼會保護庫亞烏的隱私，所以不會將他的身分告訴任何人，庫亞烏認為這樣做就可以在東窗事發之後避開危險。庫亞烏接下來將要面對的挑戰，就是一卷一卷地製作希特勒的日記，那是一項艱巨的任務和挑戰，但也將為他帶來前所未有的財富。

在此之後，庫亞烏開始日夜趕工，並在心中祈禱這些日記能夠順利蒙混過關，進而為自己實現成為百萬富翁的夢想。

1981年1月，焦急萬分的海德曼終於拿到了一卷日記，

然後他將其送到了《明星》雜誌總部。日記的到來讓整個雜誌社都變得激動，每個人都在議論著這將是一個重大的新聞，這也會給雜誌社帶來巨大的收益。但卻沒有人想過應該好好鑑定一下日記的真偽，這不得不說，由於雜誌編輯們的疏忽，使得在一定程度上，幸運之神站在了騙子的那一邊。

1983年5月14日，在警方正式逮捕庫亞烏之前，他卻戲劇性地出現在了警察局，但他並不是來自首的，而是來尋求警方的保護。他聲稱自己與希特勒的造假案沒有任何關係。面對這樣的情況，警方不得不找出更多的證據來證實他和海德曼在這起造假案中的犯罪事實。

騙局被揭露之後，庫亞烏和他的妻子雙雙入獄。庫亞烏聲稱，海德曼對整個的造假過程非常清楚，是這個騙局的參與者，但海德曼卻說他並不知道日記是偽造的，自己也是這場騙局的受害者之一。不過他承認，在閱讀日記的內容時，他也曾看出了一些端倪，發現日記中記述的一些內容的確與事實不符，但當時整件事情正在進展之中，所以他並沒有就此進行深入的調查。

而庫亞烏之所以這麼做也是有自己的理由的，那是因為他發現《明星》雜誌為這些日記所支付的錢，還遠遠超過他所得到的，他想這一定是海德曼利用了自己的職務之便中飽私囊的結果。最後，警方根據庫亞烏所提供的情況，在海德曼的家裡將其逮捕。

法庭最後做出宣判，海德曼、庫亞烏以及他的妻子在這

起訴騙案中都被判有罪，1985年6月8日，法官宣布最後的審判，康得拉・庫亞烏和海德曼分別被判四年半的徒刑，伊蒂絲被判8個月的緩刑。這個判決顯然無法得到《明星》雜誌的滿意，他們覺得這樣的刑法太不痛不癢了。因為《明星》雜誌，在這起案件中無疑是最大的受害者，他們不僅丟了名聲，還遭受了巨大的經濟損失。但法官卻認為《明星》雜誌「在這樁詐騙案中的無知和疏忽無異於起到了同謀和幫兇的作用。」

1988年，庫亞烏被診斷出胃癌，2000年9月12日，20世紀裡最轟動的希特勒日記的造假者庫亞烏因為疾病不治，在斯圖爾特的一家醫院去世，那年他62歲。

古盜鳥事件

　　1999年2月初的一天，美國，猶他州，布蘭丁恐龍博物館館長斯蒂芬‧賽克斯，來到位於美國圖桑的世界最大的化石市場！在熙來攘往的人群中，塞克斯，一位狂熱的恐龍愛好者，在尋找自己感興趣的東西。突然間，他的視線掃到了一塊不大的化石，那上面有一條又直又長的尾巴，如果沒有判斷錯，應該是一隻恐龍。接下來，他拿起這件化石的盒蓋，一瞬間，他呆住了！因為這個化石除了尾巴之外，它的前端完全就是一隻鳥——是一隻長著一條恐龍尾巴的鳥！

　　恐龍，一億年前稱霸陸地的爬行動物，食物鍊中的王者，卻在6500萬年前一場空前的災難中神祕消失了。現在，有一部分古生物學家認為：當時的恐龍沒有滅絕，因為鳥類是恐龍的後裔。

　　雖然目前世界上已知最原始的鳥類始祖鳥，具有鳥的身體、羽毛和尾巴，一直被當代科學家認為是上述學說的一

個典型的過渡類型，但是，它的主要傾向是爬行動物！於是，這種學說缺少了一個環節：曾飛行過的鳥類的身體，和恐龍的尾巴組合在一起的一個典型的鳥類化石！古生物學家夢寐以求的這種過渡類型，還一直沒有發現。

而塞克斯眼前的這塊化石，正是人們苦苦尋覓的那個關鍵環節！激動不已的塞克斯立刻買下了這塊化石。這塊被命名為古盜鳥的化石，以它不可思議的組合引起了美國科學家濃厚的興趣，包括世界著名的恐龍專家柯瑞在內的許多古生物學家，都參與了古盜鳥標本的研究。經過層層論證與考察，這個古盜鳥化石，已經被肯定地認為是恐龍向鳥類演化中最關鍵的缺失環節的證據。

在買下化石一個星期後，賽克斯夫婦請求著名的加拿大科學家、皇家特瑞爾古生物博物館的菲力浦·居禮合作撰寫一篇論文。居禮是世界上研究獸腳類恐龍方面最有經驗的專家，享有很高的聲譽。他聽說後表示有興趣介入研究。

由於居禮經常向美國《國家地理》提供古生物方面的諮詢，所以他把這件事告訴了該雜誌的藝術編輯斯隆。斯隆認為《國家地理》也許可以寫一篇關於這件化石的報導。不過居禮和斯隆知道中國的法律不允許走私脊椎動物化石，作為知名學者和著名雜誌，他們不想捲入對走私化石的研究和發布這個有損形象的事件中，但如果化石能夠回歸中國，那情況就不一樣了，因此他們試圖說服賽克斯夫婦在

完成化石的研究後把標本歸還中國。

這個激動人心的消息令美國《國家地理》雜誌的整個編輯部沸騰了！他們躊躇滿志：要讓所有熱愛科學的人大吃一驚！他們甚至等不及有關的研究論文正式發表，便提前公布了消息。很快的，一篇名為《霸王龍長了羽毛嗎？》的文章，刊登在1999年11月的《國家地理》雜誌上，並立刻引起轟動。

正當古盜鳥化石以「極高」的學術價值將要永載史冊時，一個更加令人震驚的消息完全改變了整個事件的性質：中國的古生物學家透過研究，明確指出，這具化石是由兩種不同的動物化石被人為拼接而成！古盜鳥從來就沒有出現過！

一時之間，「古盜鳥」成為古生物學界最為熱點的話題，引起了軒然大波，這件來自中國遼寧的化石是透過非法管道走私境外的。科學，差點被貪圖化石暴利的販子引入歧途。但正是因為它的出現，更增加了古生物學家們對探詢事實真相的渴望：古盜鳥化石，究竟是哪兩種動物的骨骼化石組合在一起的呢？

1999年4月，美國科學家斯隆一行訪問中國中科院古脊椎動物與古人類研究所（以下簡稱「古脊椎所」）。在與中國同行的交談中，他們提到，有一塊「帶羽毛的恐龍」化石，從中國走私到美國，現在被一個地方博物館收藏著。美國國家地理學會願意協助，將標本歸還中國。

有關的中國專家想到，近些年來化石走私非常猖獗，對中國的古生物學事業是巨大的損失，現在有人願意歸還走私標本，當然是一件好事！因此古脊椎所的負責人同意和對方接觸，商討如何將有關標本早日歸還中國。

在居禮和斯隆的努力說服下，賽克斯夫婦終於同意把標本歸還中國。斯隆在信中寫道：「首先我高興地通知你們，標本的擁有者願意歸還標本，但他們為標本花費了8萬美元，希望得到補償。國家地理學會願以某種形式補償他們的投入。其次，他們還希望貴方能夠做些什麼來作為對歸還化石的友好表示，比如提供一些中國化石的模型，以加強猶他博物館的展示。他們還希望標本能夠在美國借展5年。他們強調研究必須在美國完成，也歡迎中國科學家參加研究。」

儘管條件較為苛刻，但古脊椎所考慮到標本的重要性，以及它一旦回歸中國後對制止化石走私產生的積極影響，所以古脊椎所如此答覆：「如果標本能在研究後歸還中國，我們可以考慮接受部分條件。」

由於國內工作繁忙，計劃一直沒有付諸實施。居禮後來回憶說，「我當時意識到這裡有點問題，因為在身體和尾巴之間沒有關聯。」

然而賽克斯夫婦說居禮當時只提到古盜鳥的一隻腳，並沒有涉及尾巴。儘管如此，居禮並沒有把他的擔心告訴斯隆。他後來解釋說，他以為賽克斯夫婦會這麼做。但賽克

斯夫婦說，沒有理由擔心標本會有問題，因此沒有必要告訴斯隆。

本來按照《國家地理》雜誌的審稿程序，編輯會向專家詳細諮詢有關問題，不過這一次有像居禮這樣的著名專家參與，編輯儘管也讓一些專家審閱了稿件，但似乎沒有往常那樣細心。

後來負責科學內容準確性的編輯凱瑟·馬霍回憶說，當時認為絕不會有什麼問題，因為是居禮在負責。現在居禮承認自己失責，他說：「我絕對應該警告《國家地理》不要依賴別人。」

8月2日，居禮和賽克斯夫婦在德克薩斯大學奧斯丁分校進行了短暫的會面。該校教授蒂莫西·婁和同事，對古盜鳥化石進行了100小時以上的電腦斷層掃描。婁同意只收10000元的掃描費用。作為回報，居禮和賽克斯同意他作為研究論文的另外一個作者。

實際上，在居禮到來之前，婁和賽克斯就一起討論了掃描結果。婁後來說，掃描結果顯示，化石總共由88個岩塊組成，有些裂縫似乎是人為拼接在一起的，尾巴並非自然地連接到身體上，他告訴賽克斯夫婦，這件標本有可能是假造的。但居禮卻記得當他到達的時候，賽克斯夫婦和婁已經達成了一致的意見，認為身體和尾巴確屬同一動物。

1999年9月初，特瑞爾博物館的愷文·奧蘭伯克化石技師前去布丁修理古盜鳥標本。在返回的飛機上，他寫了一

個詳細的備忘錄，並透過電子郵件告訴正在戈壁考察的居禮：古盜鳥標本至少是由3件，甚至可能是5件標本組合起來的。但當時他不知道這些碎片是否來自同一動物或者多個動物。遺憾的是，《國家地理》沒有及時瞭解到有關古盜鳥標本的爭議。

在華盛頓，斯隆想知道的只是古盜鳥是否會飛，在得到肯定答覆後，《國家地理》決定把古盜鳥作為11月刊登的《霸王龍長羽毛了嗎？》一文的標題部分。大約在1999年8月13日，在修改了近20遍後，由賽克斯、居禮、婁和徐星共同署名的論文被寄往倫敦《自然》雜誌編輯部。

在論文準備過程中，徐星曾幾次收到草稿。雖然他針對稿件提出了十幾條修改意見，但由於沒有親眼觀察過標本，所以對文章的貢獻很小，被安排為第四作者。就在文章寄往《自然》的時候，徐星又收到了編輯亨利‧吉傳傳來的電子郵件，他說《自然》不會考慮論文的發表。後來他對《今日美國》解釋說，原因在於沒有中國研究單位的標本編號。

本來賽克斯夫婦同意歸還標本，而且徐星本人也在某種程度上參與了文章的撰寫，應該給古盜鳥標本編上古脊椎所的標本編號，但考慮到有關歸還的一些技術問題尚未解決，如尚未簽署正式協議等，還是暫時不給標本編號較好，否則就有可能將一件有古脊椎所編號的標本流失國外。

後來論文改投《科學》雜誌又被拒絕了。居禮和賽克斯

繼續向斯隆和《國家地理》雜誌的主編比爾·艾倫保證：
科研論文將會在《國家地理》雜誌的科普文章之前發表。
然而到1999年9月19日，載有古盜鳥文章的1999年11月的
《國家地理》雜誌已經送往印刷廠，而相關的科研文章尚
未被任何科學刊物接受。

　　10月分徐星來到華盛頓美國國家地理學會總部，隨後
前往布蘭丁恐龍博物館匆忙停留了兩天。他在博物館的一
個工作室中第一次觀察了古盜鳥標本。當時徐星向賽克斯
指出標本的尾巴部分是背向保存而身體部分則是腹向保存，
表示標本被拼接過。

　　賽克斯表示同意這種看法，不過，就像所有看過標本的
人一樣，雖然他們都同意標本被拼接過，但根據化石各部
分的比例關係、化石骨骼的特點和岩性，還無法找到這標
本是由不同動物拼接而成的證據。畢竟發現化石是拼接而
成的，與提供確鑿的證據證明化石是由不同動物拼湊而成
的，兩者在科學上還有著本質的區別。

　　賽克斯還告訴徐星，他已經邀請過加拿大的一個實驗室
做了岩性分析，並向他出示了有關照片和一些電腦斷層掃
描的照片。所有這些證據都傾向於支持古盜鳥標本屬於同
一動物個體的觀點。後來居禮告訴記者，他也是因這些原
因才認為古盜鳥標本沒有問題的，因為這是古生物學家判
定標本是否屬於同一個體的常用標準。

　　1999年10月15日在華盛頓召開的新聞發表會上，居禮

和賽克斯介紹了古盜鳥的科學意義，徐星則介紹了中國龍鳥和北票龍的發現。在會議上，徐星也代表古脊椎所與賽克斯先生簽署了正式協議，表明古盜鳥標本將回歸中國。

1999年10月底，徐星又參加了在丹佛召開的北美古脊椎動物學年會並做了「中國帶羽毛恐龍」的學術報告。會上徐星遇見了亨利‧吉，並再次討論了古盜鳥問題。亨利同意《自然》破例重新考慮古盜鳥論文的發表，但前提是必須用古脊椎所的標本編號，由徐星來撰寫解剖方面的內容，婁負責電腦斷層掃描的結論，因為亨利對上一稿的品質很不滿意。從現有的資訊來看，尚無古盜鳥標本是由不同動物拼接的證據，但是在論文中也必須指出身體和尾巴之間存在非自然裂縫，因為這的確是個問題。

然而，一件非常湊巧的事情發生了。1999年12月，中國古生物研究人員在研究另外一件採自遼寧的獸腳類恐龍標本時發現，這件標本的尾巴剛好是古盜鳥標本上拼上去的尾巴的正模，因此有充足的科學證據顯示，「遼寧古盜鳥」是一個由不同動物骨骼拼湊起來的人為「物種」。

中國古生物研究人員隨即透過電子郵件通知了美國國家地理學會。這個消息震驚了包括《國家地理》主編在內的所有人。本著有錯必糾的原則，國家地理學會於2000年1月宣布了這項消息，隨即在西方引起軒然大波。包括NBC、《今日美國》、《自然》和《科學》等著名媒體紛紛予以報導。《國家地理》雜誌承受了前所未有的壓力。

　　2000年第3期的《國家地理》雜誌上刊登了徐星寫給《國家地理》雜誌編輯的一封短信：「在觀察了一件私人收藏的新的馳龍標本，並且把它和『古盜鳥』化石進行比較之後，我肯定『古盜鳥』是一個拼湊起來的動物。這兩件標本的尾部一模一樣，但新標本的其他部分和『古盜鳥』很不相同，實際上新標本和中國鳥龍更為相像。儘管我不願相信這個事實，但『古盜鳥』確實是由一條馳龍的尾部和一隻鳥的身體拼湊在一起的。」從現情況來看，「遼寧古盜鳥」標本至少是由兩種不同的動物拼湊而成的。

　　它的頭部和身體部分代表一種全新的中生代鳥類，初步觀察顯示，這種鳥類比大多數同時代鳥類要進步，具有更強的飛行能力，對於研究原始鳥類向進化鳥類的演化可能具有重要意義。儘管「遼寧古盜鳥」是一件假標本，但標本的不同部分分別包含著重要的科學研究資訊，它依然是一件重要的標本，只不過現在蘊含的科學意義和人們最初所期望的不同。

　　這個騙局將美國和中國的古生物研究人員都蒙在鼓裡，如果不是中國科研人員偶然發現該化石的尾部是來源於馳龍，那麼這個騙局還會繼續持續下去。而且在一個鳥類化石身體上裝了一個小型的恐龍化石尾巴，這讓原本的化石變成了四不象的動物化石，由於當時出土的岩性也非常相似，而且化石本身也比較破碎，所以當時的一些學者根本看不出是拼湊出來的。

　　然而，雖然知道了遼寧古盜鳥的後半身來源於馳龍，但是古盜鳥化石的前半截，究竟屬於哪種鳥類呢？這個疑問成了古盜鳥事件中最後的一個未解之謎。直到3年之後，謎底終於被揭開。2002年11月，英國的《自然》發表了中國古鳥類學家周忠和與張福成等人的論文——《古盜鳥的另一半》。細緻深入的研究結果表示，古盜鳥的上半身是馬氏燕鳥的身軀。

　　馬氏燕鳥是生活在早白堊世一種非常進步的今鳥類群。和當時為數眾多的原始反鳥類比起來，牠們已經具備了相當發達的飛行能力，正因為如此，牠們把鳥類的生存空間第一次拓展到了水邊，一個顯而易見的好處就是，能夠獲得更加豐富的食物資源。

　　周忠和介紹說，在他們發現的鳥化石標本的胃裡邊還保存了魚類化石的殘骸，有魚頭骨上的一些碎片，比如腮蓋骨，魚脊椎，和肋條等等，這就保存了燕鳥食魚的最重要證據！而這件走私到美國的燕鳥的化石標本上，保存了留在肚子的胃石。

　　就好像今天的許多鳥類一樣，會吞下一些石子，放在胃部一個俗稱「砂囊」的袋子裡，這些小石頭與砂囊中複雜的研磨肌協同合作，有著像「牙齒」的作用，幫助鳥類消化植物纖維。在河裡比較乾枯的季節，牠是吃植物的，雨水比較多的季節則是以魚類為主要食物，除了直接保存在胃裡的證據之外我們還根據牠的頭部，牙齒等形態特徵來

做推斷。

　　遼寧古盜鳥堪稱是世界古生物研究的驚世騙局，這場騙局最讓人驚訝的並不是它騙住了眾多資深學者，而是拼湊成這隻「古盜鳥」的兩部分化石分別代表了古生物研究的里程碑。馳龍是一種身上長有羽毛的小型恐龍，這隻全身長滿羽毛的恐龍，是迄今為止證明恐龍是鳥類直接祖先的最好證據。而馬氏燕鳥代表了今鳥亞綱在早白堊世已知最完整的化石記錄。

超自然騙局

西方人常說科學是最為真實的，然而有些事情卻不能用科學來解釋。
有時候我們很難確定那些被口口相傳的超自然神蹟有哪些是真實，
哪些是虛假。也許曾經包裹著耶穌的那塊亞麻布早已風化在歷史的
長廊，也許能夠為你消災減難的活神仙只不過是一群魚目混珠的騙
子，也許曾經在美國家喻戶曉的宗教領袖只不過是一個狂熱的偏執
狂，也許這個人曾誇耀的天堂最終卻是人間地獄，也許活了2000多
年的靈媒只不過是一位藝術家。

裹屍布的魔力

　　1978年的某天清晨，300多萬人從世界各地匯集到義大利西北部的小城杜林，讓這個往日清閒寧靜的小城一下子變成了人山人海的集會地。人們接踵而至，走過街道、穿過小巷，熙熙攘攘的人群，最後紛紛聚集在杜林大教堂的廣場前面。大家肅穆而立，都在翹首期盼，那虔誠的目光中似乎都閃爍著激動不已的光芒。

　　杜林大教堂建於1498年，這個建築面積並不算很大的教堂之所以能夠聞名世界，是因為其中供奉著一個基督教的聖物。這個聖物便是傳說中曾經用來包裹被釘死在十字架上的耶穌屍體的裹屍布。

　　這塊傳說中的裹屍布是一塊約4米長、1米寬，上面帶著斑斑血跡和灼痕的麻布，它也是全世界虔誠的基督教徒們心目中不可褻瀆的珍寶。儘管梵蒂岡從來沒有宣布過這塊裹屍布的真實性，但是它還是受到數以百萬基督教徒的追捧，他們相信可以透過裹屍布拉近自己和耶穌的距離。

　　在1578年，這塊被看成耶穌裹屍布的麻布，在眾多信徒的追捧中被供奉在杜林大教堂。每50年教堂會向信徒們展示一次裹屍布，每當這時杜林小鎮都會變得人山人海，變成基督教徒們朝聖的地方。

　　耶穌是傳說中上帝耶和華的兒子，他的母親瑪利亞，因為受上帝聖靈的感動而產下了他。作為上帝的兒子，他之所以會來到人間，是因為上帝看到人類的苦難太多，最後決定派他來到人間拯救苦難中的眾生。

　　耶穌在耶路撒冷出生，他出生那天，有一顆明亮的星星，從天空落向耶路撒冷城。東方有三位博士看到之後，不覺高呼起來：「救世主基督降生到人間來了！」於是他們便開始去尋找耶穌。猶太王希律聽到這個消息之後坐立不安，他擔心這個聖子有一天會威脅到自己的統治地位，於是下令將城內所有2歲以下的孩子都殺死了。瑪利亞聽到消息之後，馬上帶著耶穌逃到了埃及。

　　耶穌長大之後走遍中東，當他走到約旦河邊的時候，他遇到了教士約翰，約翰給他做了洗禮，之後他接受了上帝的聖靈。在經過種種考驗之後，耶穌頭上出現了一個極大的光圈，這使得百姓們都可以在黑夜中清楚的看到他。從此之後，耶穌向世人宣布了自己是上帝的兒子，而後，有越來越多的聖徒跟隨著他。耶穌帶著信徒們在世界各地傳教，並向世人展示著自己的神力，把愛的教義不斷地灌輸給大家。

　　信仰耶穌的人越來越多，這引起了官吏和祭司長的仇恨，他們想要殺死耶穌以除後患。耶穌的十二個門徒中，有一個叫做猶大的人。這個人貪財成性，他偷偷到祭司長那裡問：「假如我把耶穌交出來，你們會給我多少錢？」祭司長給了他30塊銀幣。

　　當天晚上，耶穌在與十二個門徒共進晚餐時說到：「有人出賣了我。」門徒們聽到此話都非常驚慌，猶大更是心驚膽顫，於是故意問道：「你說的是我嗎？」耶穌說：「你說的對！」猶大害怕地低下了頭。

　　第二天，耶穌被抓，門徒們想要反抗，結果卻被他阻止了。在這之後，耶穌受盡了刑法和侮辱，最後還被羅馬帝國派駐該地的總督判處死刑。不過，就在耶穌死亡三天以後，他竟然奇蹟般的復活了，人們聽到消息之後，都趕來對他朝拜，而這一天，正是在過春分月亮圓了之後的第一個星期日，從此之後這一天也被基督教徒稱為「復活節」。

　　據說，就在耶穌被釘死在十字架上之後，在復活節前，他的屍體曾經被人用一塊麻布包裹著，埋到了土裡。而這塊包裹著耶穌屍體的麻布，就是基督教徒們頂禮膜拜的聖物。但是至今，在全世界範圍內，已經有大約40塊被稱為耶穌裹屍布的麻布出現，而至今人們也不知道究竟哪一塊才是真的。

　　至於杜林的這塊裹屍布，之所以能夠在眾多裹屍布中脫穎而出，獲得如此多人的關注，是因為它的上面印有耶穌

的輪廓，因此有很多人都相信，它才是真實的耶穌裹屍布。

從杜林教堂中供奉著的這塊裹屍布上，人們可以清晰地看到上面留有的斑駁血跡，透過這些痕跡，還可以看到那上面似乎有一個男人正面和背面的影像，而根據這些影響，我們能夠判斷出此人的身高1.8米，留著鬍鬚，長髮垂肩。男人的雙手放在腹部上，他的肋骨受過傷，手腕處曾經被釘子釘過。在他的額頭位置也有很多血跡，而且還有一些被刺破的小洞，這看起來確實很像被荊棘刺傷留下的痕跡。另外，他的身上還有一百多處的鞭打痕跡，以上的種種都顯示了，這塊裹屍布就是曾經包裹耶穌的那塊無疑。

但是，有人也不禁懷疑，既然是聖物，而且又在世間傳承了幾千年的時間，難道就沒有人對此仿造過嗎？又怎麼才能確定這塊裹屍布就是當年的那塊呢？裹屍布又怎如何完好無損地保存至今呢？這些問題始終困擾著社會各界人士。

關於耶穌的裹屍布，耶穌的故事裡並沒有太多的記載，只是在《偽福音書》中稍微提到過，說它珍藏在耶路撒冷。直到13世紀初期，在一本由克勞利編寫的書中，記載了他本人的一段和裹屍布有關的經歷。在書中克勞利說，他曾經在1203年，在君士坦丁堡見過一塊據說是耶穌裹屍布的長形亞麻布。

但是除此之外，在一千多年的歷史中，人們再也沒找到其他的關於裹屍布的消息記載。人們不免對此產生了種種懷疑，如果這真的是耶穌的聖物，為何在整個13世紀都沒

有關於它的任何記載？在耶穌被害之後的一千多年之中，那塊裹屍布到底被什麼人拿到，又被藏匿到什麼地方了呢？

杜林教堂的裹屍布到底是不是耶穌的遺物，這一直是人們爭論不休的話題。隨著時間的推移，也有越來越多的人向這塊裹屍布拋出自己的質疑。一些懷疑者說，既然當時耶穌的屍體是被平放在墓穴中的，那麼印在裹屍布上人像的頭髮就應該是平散開的，而現在人們看到的卻是垂直向下的。裹屍布已經歷了數千載，上面的血跡按照理論來講應該呈現出黑色，而現在這塊麻布上的血跡，看上去卻是鮮紅的，似乎是有人故意弄上去的一樣。杜林教堂的裹屍布看上去太過於平整了，如果是真的，為什麼上面連一點點因為包裹屍體而造成的褶皺都看不到呢？

另外，從這塊裹屍布上可以看出，耶穌的輪廓與中世紀法國哥德式繪畫中的耶穌形象驚人的相似。身體偏長、偏瘦，鼻子比一般人長，手臂長度也不符合正常比例，甚至還留著長髮，而這是當時的以色列政府命令禁止的。種種懷疑的聲音盤旋在杜林的上空，耶穌的裹屍布，難道真的是一個巨大的騙局嗎？

儘管關於裹屍布的記載少之又少，但是歷史學家和宗教學家們依然在史料的字裡行間拼湊出了它的前世今生。

據說，當耶穌死後，他的屍體就被用一塊麻布包裹埋葬在教堂裡，人們為了保存一些和耶穌有關的物品做紀念，就想到了和他最為貼近的這塊裹屍布。但因為裹屍布上面

留有的人形痕跡，觸犯了當時猶太的法律（當時的人認為，任何與死人有關的東西都是不潔之物）。所以，人們不得已只好把它偷偷地藏了起來。

西元636年，阿拉伯帝國開始正式統治耶路撒冷，極端的伊斯蘭宗教政策讓當地的基督教徒生活得異常艱辛。1096年，受盡欺壓的基督教徒們，在法國教皇烏爾班二世的提倡下，開始了浩浩蕩蕩地十字軍東征。從1096年到1291年，十字軍共發動了八次東征，在這期間攻克了耶路撒冷，並在那裡建立了四個十字軍國家，和直接隸屬於教皇的宗教性軍事組織。這個組織名為僧侶騎士團，目的就是保衛這些國家。其中埃德薩就是第一個建立的基督城，在國王鮑德溫的統治下，各地的基督徒們紛紛來到這裡生活。

根據記載，國王鮑德溫患過一次重病，他邀請了眾多的名醫都醫治不好他的病，於是眾人向耶穌求助，希望他能幫助國王康復。大家派出去的使者不久之後就回來了，手中捧著一塊印有耶穌身影的布。這塊布似乎有著神奇的功能，國王鮑德溫的病奇蹟般被治好了。這塊布就被人們稱為「埃德薩之布」。社會各界都對埃德薩之布尊崇有加，畫家們至此也有了耶穌長相的依據，開始按照麻布上的影像繪製耶穌的形象。

但是埃德薩的平靜，並沒有持續多久就被捲土重來的伊斯蘭教軍隊打破了。戰爭開始了，基督教徒們又一次失去了平靜的生活，他們為了保護聖物，只好把裹屍布藏進了

城牆。

　　五個世紀之後，往昔的埃德薩王國早已經被穆斯林主宰，但是在這裡依然存在著原有的三百多座基督教堂。原因在於人們曾經在這裡看到過一個被基督教徒們稱之為「曼迪蘭」的聖物。這是一塊有基督頭部影像的麻布，正是因為它的存在，這裡成為了基督教徒們心中的聖地。

　　與「埃德薩之布」不同，曼迪蘭上顯現的只有基督的頭部。在希臘，曼迪蘭也被稱為「台特迪隆」，意思就是「折四折」。這是因為將裹屍布折疊四次之後，所能見到的就只剩下了頭像。歷史學家們說，這很有可能是因為當時的人們如果把整個基督圖像都展示出來的話，會使之成為異教徒的崇拜物。

　　西元1000年左右，一支拜占庭軍隊擊破穆斯林的武裝，攻入了城池，他們直接來到了城門前，目的非常明確，只是為了得到「曼迪蘭」。至於城中的百姓、穆斯林的俘虜，以及巨額的財寶他們都不以為然。當這支拜占庭部隊帶著曼迪蘭凱旋而歸的時候，受到了羅馬帝國首都君士坦丁堡人民的隆重歡迎。

　　一位史學家這樣記載到：「它至少像聖約中的諾亞方舟一樣珍貴；當這幅圖像在街道之間穿行展示的時候，人們眼中溢出了激動的淚水，口中不斷重複著感恩的祈禱。他們相信，這座城市將成為神聖的城市，永遠受到保護，不可征服，直到永遠。」

　　但是歷史學家的寓言最後並沒有實現，在十字軍第四次東征的時候，也就是1204年，君士坦丁堡被攻破，整個城市被洗劫一空，只留下殘垣斷壁，而那塊神奇的裹屍布也隨之銷聲匿跡了。

　　耶穌的裹屍布再次從歷史中失去了蹤跡，難道是因為它成了十字軍的戰利品嗎？歷史學家們又一次把目光投向了聖十字軍中最具神祕色彩的一個團體——聖殿騎士團。

　　聖殿騎士團成立於1119年到1120年期間，最初這個團隊是由9名法蘭西騎士組成，目的在於保衛朝聖者。在頒布了《聖殿騎士法令》之後，這支隊伍的影響力越來越大，憑藉著迅速發展的軍事力量，他們東征西戰，在將盡200年的時間中積存了大量的財物。

　　騎士團明目張膽的大肆斂財行為，引起了當時國王和主教們的嫉妒，於是在一片謠言之中，騎士團被指控舉行神像崇拜和祕密儀式。最後，終於在1312年，教皇克雷芒五世將此團取締了。

　　聖殿騎士團的所有成員都否認了被指控的內容，不過他們其中有一名成員曾經說過這樣一句話，「我們崇拜一個人頭像，沒有金銀裝飾，但有一臉大鬍子，類似聖殿武士。」另一個人也說過類似的話，「這個頭像有四隻腳，兩隻在前，兩隻在後。」至於這些曖昧的描述指的是不是曼迪蘭，人們沒有最終的定論。

　　最後，所有的騎士團成員都被處死了，而最後兩個被燒

死的聖殿騎士中，有一個名叫雅克・德・莫來的人，他是最後一任聖殿騎士團大團長，因此在歷史上與聖殿騎士團的創始人雨果・德・帕英齊名。

讓人驚奇的是，在這兩個騎士被處死之後的二、三十年，裹屍布的消息又出現了，傳說它在一個名字叫做傑佛瑞・德・查尼的法國騎士的手裡。這個人曾經在英法戰爭中被授予跟法國國旗合葬的榮譽，這說明他至少是一位德性高尚的人，而他手中的裹屍布也極有可能是真實的。

歷史文獻中的隻言片語和歷史學家的種種猜測，把耶穌的裹屍布蒙上了一層又一層的神祕色彩。究竟哪些是真實的，哪些又是有人故弄玄虛，故意設下的騙局？沒有人知道答案。

1898年，在人們的強烈呼籲下，杜林大主教終於同意科學家們可以直接對耶穌裹屍布進行考察。這些科學家們先是對裹屍布進行了拍照，而當攝影師塞貢多・皮亞在沖洗底片的時候驚奇地發現，在照片底片的負像中出現了更為逼真的「耶穌」形象。而且，他還注意到，在感光板上，清晰的顯示出一副頭部的正片，而不是通常底片的那種黑白顛倒的圖像。這就意味著在裹屍布上的圖像，本身就是底片圖像。同時也就說明，這塊裹屍布上的圖像，很有可能是根據一張照片的底版繪製而成的。在攝影技術發明之前，人們幾乎不可能繪製出照片的底版，所以這項發現，讓大家開始確信這塊裹屍布是真實的。

176

　　1978年的時候，這塊裹屍布在杜林大教堂已經陳列了400年了，為了紀念這個事件，教堂再次舉辦了公開展示，世界各地的科學家們均匯聚於此，用各種高科技方式，對其展開了一系列的研究。

　　紡織學家們發現，在古代中東地區，人們常以亞麻布作為裹屍布，而這塊裹屍布明顯具有古代耶路撒冷地區的特徵。還有些科學家在裹屍布上發現了一些花粉，而這些花粉大部分是屬於生長在耶路撒冷的植物花粉。因此大家判定：裹屍布肯定有一段時期是在耶路撒冷保存過的。

　　但是也有人提出反對，他們指出，花粉可以隨風飄蕩或者被鳥類帶到很遠的地方。而裹屍布在漫長的歷史中，肯定被放在露天展示過，所以用花粉證明裹屍布的真實性是有待考證的。科學家們想用當時最先進的放射性碳素斷代法來證明裹屍布的確切年代，但遺憾的是，他們並沒有得到允許，因為這樣的實驗勢必要破壞裹屍布的完整性。

　　1986年，在科學家與宗教人士協商了十年之後，雙方終於達成了協定。科學家們被允許用改進了的碳-14年代測量法對耶穌的裹屍布進行分析。

　　取樣在非常嚴密的保護措施之下進行，並且由國際上三個著名的碳-14實驗室分別進行測定。每個實驗室都得到了四個樣品，其中只有一個樣品是從裹屍布上剪下來的，另外三個樣品則是不同年代的對照品。它們被分別裝進已經編好號的金屬盒子中，除了杜林大教堂大主教，和英國大

不列顛博物館的考古權威外,沒有人知道四個樣品中哪一個才是從裹屍布上剪下來的。

經過了精準的實驗和漫長的等待,三個實驗室得出了一致的答案:這塊裹屍布和耶穌沒有絲毫關係。因為它的年代在西元1260年到1380年之間的可能性為95%,在1200年之前的可能性是零。

這個結論說明了這塊裹屍布是在耶穌去世之後的一千多年之後才誕生的。1988年10月13日,紅衣主教在杜林大教堂舉行記者招待會,宣布存放在杜林大教堂的裹屍布為中古時期的贗品。

雖然最後的結論證實,大家頂禮膜拜的聖物不過是一個贗品,不過即便耶穌裹屍布事件是個騙局,但是它並不影響信徒們朝拜聖物的虔誠之心。

祈福黨不會祈福

　　祈福黨就是指採用以祈福消災的方式進行迷信詐騙的犯罪活動的犯罪團夥。他們主要活躍於中國的南方城市以及港澳台地區，近年來隨著中國移民的增加，祈福黨也開始在澳洲和加拿大等地活動頻繁。祈福黨的犯罪行為是以欺騙手段牟取迷信民間信仰的陌生人的信任、以玄學道術或者是中醫為名，實際目的則是為了騙取受害者的現金或者財產，隨後騙子會以各種藉口脫身。

　　祈福黨的欺騙手段十分常見，而且騙術大同小異。一般來說，祈福黨在行騙的時候至少需要三名犯罪同夥，組成詐騙團夥。這幾個人分工明確，其中一人要懂一些玄學面相中醫的理論，言談舉止清麗脫俗，表現的清心寡欲視錢財為糞土，全然是一位不涉俗務的世外高人。

　　其次一人或多人自稱是高人的徒弟、親友或者是助手，這些騙子聲稱負責協助高人處理世俗雜物。同時負責收取受害人用來祈福消災的財務。這些人往往開口閉口就是為

你著想，雖然高人說了不收錢財，但是高人替你消災，你不出錢的話，這災自然消的不徹底。而且高人也需要生活，自然需要交納錢財的。除了這種藉口，助手還會以破財免災，破的財越多，家裡越平安為藉口形成層壓式推銷，增加受害者的恐懼心理，讓其喪失思考能力，進而陷入騙局。

最為關鍵的則是出沒於各大醫院，「身患重病」「苦求名醫」的患者，以及「恰好」知道附近有位高人的「好心群眾」。騙子如同唱雙簧一樣在受害者面前手舞足蹈，讓受害者相信真的有一位法力高強醫術高明的高人，進而讓受害者跟隨騙子一起去高人住處。

祈福黨的犯罪過程一般是被稱為「正將」的騙子，在各個醫院觀望，尋找防騙意識不強的老年人或者中年婦女。隨後這些騙子和選定的目標搭話，讓對方放鬆警惕，再以疾病為由頭，說自己家裡人也有和受害者所描述相同的病症，並誇大其詞說該病症的威脅程度，告訴受害者醫院並不能治療該疾病。受害者上當後會詢問騙子親屬的病情，而騙子就會趁勢說自己的親人是在高人那裡治好的。

而這時往往旁邊又會有另一個騙子接話，說自己也患有疾病，而且也聽說附近有個高人可以治病，但是自己並不知道高人在哪裡。這時候第一個騙子就會自稱或者介紹一個高人的親人、助手或者弟子，隨後讓和高人有關係的騙子帶受害者到高人住處。

路上，幾名騙子會輪流套取受騙人的家庭成員狀況。到高人住處後，高人會故意斥責帶受害者來的騙子，然後說救人是逆天的事情，堅決不肯。這時候受害者已經深信不疑，苦苦哀求高人施以援手。

高人這才勉為其難，隨後一番做作，聲稱受害者家裡有人不日就有災禍，需要做法免災。這時候高人會說做法需要錢財，但是做法結束後這些錢財會完璧歸趙。受害者免災心切，來不及仔細思考就聽從高人指示回家取錢。而且高人還會說為了防止做法失敗，不能和任何人說這件事情。

取回了錢財，高人會把錢財裝在無法看到裡面的容器中，聲稱做法結束後，必須等幾個小時之後才能打開。而等受害者回家打開容器，則會發現財物早已不翼而飛。

2003年8月3日上午，海口市靈山鎮靈山墟，正在街頭行走的林老伯，成了3名女子視線中的「獵物」。

「老伯，你認識從台灣來驅災治病的師父嗎？」一女子上前搭話。另一女子接過話題：「我認識台灣來的師父，經過他洗錢驅鬼後，現在我丈夫的生意越來越好了，我願意帶你去。」

林老伯想看個虛實。跟這兩名女子邊走邊聊，聽說林老伯的老婆身體有病，一名女子立即稱，台灣師父的孫女「小妹」正在家中，可以幫林老伯的老婆驅鬼。找到「小妹」，「小妹」看了看他的面相說：「你家裡面有冤鬼作怪，你

回去把家裡所有的現金、金銀首飾還有在銀行裡的存款都取出來，拿來給我，我幫你洗過錢後就沒事了。」林老伯又信了。他立即回家把現金、存款和金銀首飾共計人民幣4750元全部取出來交給了他們。

「小妹」將林老伯的錢和首飾放進了事先買好的黑色水果袋內，在假裝做法時，趁林老伯不注意將錢物迅速掉包。隨後，「小妹」把水果袋交給林老伯說，「這些錢和物已經做法洗過了，你拿著袋子向前直走不要回頭，一直保持這樣的狀態到家。」走了一段路後，林老伯才覺得不對勁。打開袋子一看，錢和物都不在了，只有一些龍眼和衛生紙在袋內。

當然上述只是祈福黨的手法之一，雖然其欺詐手法多種多樣，但是大同小異，都是利用人們迷信畏懼和擔心家裡人出事的心理從事詐騙。這種詐騙方式已經流傳到了歐美各個國家，讓這些國家的警方十分頭疼。

2014年10月以來，三藩市華人社區再度出現「祈福黨」街頭行騙。其中一起騙案騙走唐人街一位華人老婦現金加珠寶共值12萬美元。三藩市的警方也緊張起來，不斷在華人社區發放宣傳資料，希望居民不要上當。

「祈福黨」是一個有組織的詐騙集團，其成員平均年齡在40歲到50歲之間。他們詐稱受害者或其家人近日會有血光之災，以「祈福」為由頭，騙說受害者將貴重財物裝袋「祈福」，然後伺機掉包，盜走財物。

　　兩年前中國大媽「祈福黨」就肆掠在美國三藩市、洛杉磯、紐約、波士頓等城市的華人社區，2012年僅三藩市祈福黨便作案50多起，騙得金錢超過300萬美元。最後有幾位中國大媽「祈福黨」在三藩市被逮捕，才讓她們消失了兩年。

　　中國大媽「祈福黨」不僅活躍在美國，據人民日報海外版報導，「祈福黨」們還活躍在澳洲的雪梨、墨爾本以及新西蘭。2013年在新西蘭發生的案例中，一名華人女子聽信「祈福黨」的蠱惑，一次被騙走價值4萬多元的現金和首飾。

　　據悉「祈福黨」最早出現在中國廣東珠三角地區，後來演變成跨國詐騙組織，香港、雪梨、墨爾本、三藩市等地成為重災區。而中國、國際對祈福黨的打擊也一直沒有停止，早在2009年廣東警方就曾搗毀過一個「祈福黨」組織，逮捕犯罪嫌疑人24名。美國警方也在2012年5在三藩市機場成功逮捕6名準備搭乘班機飛往香港的嫌犯。也正是因為這次逮捕才讓美國「祈福黨」消失了兩年。而香港警方在2014年2月分偵破3宗「祈福黨」詐騙案，拘捕4人。

　　這一次三藩市發現的「祈福黨」作案的手法與之前沒有區別，仍然是三、四個中國大媽在街上攔住一位美國華人老婦，說她家有血光之災，必須把家中金銀財寶拿來讓她們祈福方能消災。結果，受害人的金銀財寶經祈福黨一過手，回到家裡就變成了幾包餅乾或幾瓶礦泉水。

　　中國大媽祈福黨登陸三藩市重返美國，使得三藩市警方大為緊張。雖然三藩市媒體鋪天蓋地的報導祈福黨的所作

所為，警方也在華人聚居的社區散發宣傳資料，但許多老年華人平日只看中國兩岸三地的電視節目，對當地新聞很少關注，所以依然容易上當受騙，步入騙徒圈套仍懵懂不知。

　　祈福黨重返美國也牽動了於2014年11月4日舉行的美國中期選舉的選情。三藩市一位黑人女市議員競選連任爭取選票的口號中，便有幫助華人防範祈福黨這一條。可以斷定，中國大媽祈福黨不久將出現在美國其他城市，再次將美國各地華人社區折騰個雞犬不寧。

瓊斯鎮的悲劇

人民聖殿教又稱人民寺院，原本只是一個普通的獨立宗教團體，規模也不是很大，但是後來，人民聖殿教演變成了以教主瓊斯為中心的邪教組織。

1953年，瓊斯在美國印第安那州印地安納波里斯市創立人民聖殿教，隨後，自稱是神的化身，幾千年前化身為釋迦牟尼，創建了佛教，後來又化身耶穌基督，創建了基督教，後來又化身列寧，將社會主義發揚光大。瓊斯透過強行把自己神化成世界各個宗教和哲學思想的創始人的手段來欺騙教眾，達到收斂錢財建立個人集權政府的狂想。

吉姆・瓊斯1931年出生在印地安納波里斯市附近一個名叫林恩的小鎮。1949年，18歲的瓊斯考進了印第安那大學。畢業後到一所醫院打工，遇到護士馬瑟琳・鮑德溫，瓊斯很快就和她結婚。

婚後不久，瓊斯就開始在印地安納波里斯市衛理公會教

堂供職。和教會的頑固保守派不同，瓊斯熱心幫助窮人，並反對種族歧視，然而他的這種做法卻招致教會內部一些頑固保守派的排斥。於是，瓊斯決心要建立自己的教堂，一所真正自由、平等的教堂，一所能夠容納各個種族沒有歧視的教堂。

1953年，22歲的瓊斯在美國印地安納波里斯北新澤西街建起了一座小教堂，並自任為這間名為「國民公共教堂」的牧師。瓊斯以其出眾的口才和特有的宗教狂熱吸引了許多窮人。瓊斯在教堂中著重宣傳的是耶穌基督對窮人的愛心，和為窮人施行的為各種神蹟奇事。並在自己的教堂中，讓各個種族的人聚在一起祈禱。

1960年，吉姆‧瓊斯在特拉華街蓋了「人民聖殿純福音堂」。這可以視為人民聖殿教的雛形。第二年，他在印地安納波里斯已經有影響力，還一度成為「城市人權委員會」主席。

然而這時開始，瓊斯以「天啟」、「神示」的「彌塞亞」等自稱，開始神化自己。他的「神蹟」被信徒們廣為傳言，而傳言又越傳越神。人民聖殿教的騙局終於呈現，他最初利用教徒的信仰來支配教徒，並潛移默化將教徒虔誠的信仰扭曲到自己身上。

1965年，瓊斯預言美國社會將會在1966年發生動亂並在該年會爆發核戰爭。此時他的做法和利用末日來恐嚇教徒的法國邪教太陽聖殿教一樣，都是用恐慌來支配教眾的

信仰。

瓊斯聲稱為了躲避這場災難，於1965年底帶領了30名最忠誠的信徒來到三藩市北面的偏僻山崗「紅杉谷」，開始過著由他個人集權掌控的集體生活。

不久，瓊斯在這裡的傳教活動又取得了巨大的成功，很快又有幾百名信徒跟隨他。1967年，這些信徒蓋起了自己的教堂「人民聖殿基督堂」，人民聖殿教正式形成。

1971年，經過4年的發展，人民聖殿教也已經成為規模龐大的教會組織。但是當時人們都認為這只是一個正常的教會，沒人會想到人民聖殿教教眾都受到了瓊斯的洗腦，成為了他個人的玩偶。隨著實力壯大，吉姆在三藩市和洛杉磯各建了一處十分氣派的新教堂，因此人民聖殿教的總部也被遷到了三藩市。短期內就有超過上千人的新教眾聚集在兩處新教堂，而人民聖殿教也開始公然宣稱擁有超過3萬名信眾。

當時美國政客在選舉或者舉辦活動的時候，都需要非常多的人手來幫忙，這個時候，政客自然就想到了吉姆·瓊斯。民主黨搶先拉攏了他。每當民主黨政治家們需要大批的志願者、情緒激昂的人群或眾多人的簽名時，瓊斯的人民聖殿教總不會讓他們失望。於是有人說，在三藩市一提到政治總離不開吉姆·瓊斯的名字。

吉姆·瓊斯嘗到了宗教和政治結合的好處，也發現了另一條欺騙信眾的道路。人民聖殿教的騙局即將轉戰吉姆·

瓊斯的聖地——瓊斯鎮。

隨著人民聖殿教的不斷擴大，瓊斯的個人財富不斷累積，他在人民聖殿教中崇高的領袖地位使他日益驕縱和敏感。後來有人推測，瓊斯本身就是一個陰謀論者，他深信美國當局正對其展開調查，並相信在信徒之中就有不少美國中央情報局的特工，他相信有人正威脅著他的人民聖殿教以及教眾的性命。

於是，瓊斯犯了兩個嚴重的錯誤，這些錯誤使得他在美國民眾心中主張和平與仁愛的崇高形象受到了質疑。第一個錯誤，是他請求官方批准他的教徒擁有武器，過分敏感的瓊斯認為很多教徒的生命安全正受到威脅，所以人民聖殿教有必要建立持有武器的自衛組織。

如果說這個問題只是讓人懷疑他是否太敏感，那麼第二個問題，則讓美國民眾開始懷疑他個人是否是個嫉妒殘暴的人。

吉姆‧瓊斯在人民聖殿教內實行獨裁般的通知，他對教派中持不同意見的人施以酷刑，並用死亡來威脅他們。當有些教徒表示要退出組織時，瓊斯便對他們進行迫害，並派人在半夜將那些準備離開人民聖殿教的教徒抓起來進行毒打。

在少數信眾離開人民聖殿教後，有關吉姆‧瓊斯的一些醜聞也開始被曝光，其中包括可瓊斯竊取信眾財產、假裝神蹟治癒、嚴重處罰信眾及自稱為救世主等。

　　記者、執法部門及政客開始注意瓊斯的教派，瓊斯的反應是長篇累牘及充滿怒意的言論，宣稱那些是離教者及外面世界正試圖消滅他以及人民聖殿教的謠言。

　　與此同時，更多從人民聖殿教脫離的信眾，透露了人民聖殿教內普遍存在的毆打及虐待事件，而一些信眾的親人則堅持他們的親人在非自願的情況下，被迫留在教派內。

　　跟一切偏執狂一樣，瓊斯感到一種強烈的被迫害感。他認為整個中央情報局都在全力對付他，聯邦調查局也派出全部人員監視他，甚至他還臆想會遭到各個組織的暗殺。之所以瓊斯認為美國當局會不惜一切暗殺他，是因為他自以為他已經建立了一個有能力改變美國，乃至全世界道德觀念與經濟秩序的宗教組織，同樣他也誇大了美國當局對人民聖殿教的監視活動。

　　事實上，無論是中央情報局還是聯邦調查局，對人民聖殿教教主瓊斯的虐待行為都不太感興趣，在這些人的眼中，有更重要的事情要去做。

　　1973年的冬天，新聞媒體對於人民聖殿教的熱情越來越高漲，不少報紙也在刊登批評人民聖殿教的文章，而且有多名教徒選擇叛逃。

　　在這時期，吉姆・瓊斯開始意識到美國官方和各個媒體將會繼續對他採取措施，於是他著手準備了一個「立即行動」的應急計劃，來回應員警和媒體的攻擊。這個計劃列出了一系列的選擇，但整體來說，這個計劃其實只是一個

把人民聖殿教遷往別國的逃跑計劃而已。在瓊斯的心中，最佳的選擇包括加拿大或者加勒比海的傳教地區。

1974年，吉姆·瓊斯和人民聖殿教的教眾與圭亞那的政府官員，一同抵達了圭亞那西北部的一片區域。隨後他們簽署了一份租約，瓊斯從圭亞那政府那裡獲得了一片超過3800英畝的叢林土地。

這個地區位置偏遠，土壤貧瘠，甚至拿圭亞那當地的標準來比較，這裡也是一片窮山僻壤，最近的水源離那裡也有11公里的路程。離那裡幾公里的地方有一個小鎮，並擁有一個簡易機場。儘管這是一個閉塞的山區，到處是難以涉足的森林，但它的位置十分理想，而且有可供小型飛機起降的機場。瓊斯對這個閉塞的山區很滿意，並將其命名為「瓊斯鎮」。

1977年的夏天，三藩市媒體針對人民聖殿教在各個地區的房地產開展了調查，這讓瓊斯感到前所未有的壓力。於是他和幾百名人民聖殿教教徒遷往瓊斯鎮。1978年，瓊斯鎮頂峰時期的人口數量幾乎達到了1000人。

絕大多數人民聖殿教的成教徒相信圭亞那會像吉姆·瓊斯之前承諾的那樣，變成一個人間天堂或完美的烏托邦。然而當教徒大舉移民之後，瓊斯鎮卻變得擁擠不堪。而且瓊斯鎮原本的生活也因為瓊斯的到來而發生了巨大的變化。

在人民聖殿教教眾剛到達瓊斯鎮的幾個月裡，人民聖殿教的教眾每天都需要從早上六點半工作到下午六點，每個

星期需工作六天。1978年，吉姆・瓊斯的健康出現狀況，據曾經對其進行體檢的醫生證明，他很可能在肺部嚴重感染的情況下服用過量Diazepam、安眠酮、興奮劑和巴比妥類藥物。

這些藥物讓瓊斯曾經洪亮的嗓音變得沙啞模糊，以前可以滔滔不絕的講話，現在卻連完整地讀完一個句子都有困難。在瓊斯的健康出現狀況的時候，他的妻子瑪瑟琳・瓊斯開始掌管瓊斯鎮的日常事務，因此人民聖殿教教眾的工作時間減少到每週五天和每天八小時。

人民聖殿教的教眾以前居住在各種生活便利唾手可得的城市中，雖然之前教徒們也有共同生活的經歷，但那也僅僅侷限於每週的星期日在教堂聚會一次而已。然而現在吉姆・瓊斯卻要求教眾們都在瓊斯鎮這個生活條件艱苦、物資匱乏的小鎮共同生活。

瓊斯鎮位於南美洲，氣候悶熱潮濕，每年的平均氣溫在攝氏35度左右，這樣的氣候導致蚊蟲孳生，進而讓那些一直生活在城市並不習慣叢林生活的教眾，感到窒息和煩躁。

此外，這些教眾在日常生活勞動、房屋分配及個人金錢等方面，也存在著各式各樣的矛盾，而這些矛盾自然也使人們之間的關係變得緊張。

事實上，吉姆・瓊斯鼓吹的那種被教徒們倍加推崇的和平與理解、平等與博愛的理想環境，並不是輕而易舉就能實現的。教徒之間常常會因為一些小事而發生爭執，而且

教徒之間性格並不完全相同，各個教徒的勞動強度也不一樣，這些都會破壞瓊斯鎮的穩固，進而破壞了他們的紀律和規範準則。

瓊斯察覺到這些潛藏在教徒之中的問題，他很快意識到，如果對教徒之間的各種矛盾放任不管，教徒很快會醒悟過來，識破人民聖殿教的騙局，就會紛紛離開瓊斯鎮，最終只能剩下一些狂熱分子擁戴他。於是瓊斯制定了嚴格的紀律，從思想上控制教徒，讓教徒只信仰他一人。

瓊斯的騙局逐步升級，他先是借助基督教的外衣來吸引教眾，先把自己包裝成降世的真神，然後又自導自演了一齣類似「出埃及記」的好戲，現在他又打算效仿「摩西」來為瓊斯鎮的教徒篆刻一塊由他書寫的「十誡」。

他打算用鐵一樣的紀律來造就一批新人，這些所謂的「新人」是擺脫任何思想體制，只聽從於他個人的個體。為了讓他們完全信仰自己，以瓊斯的思想為行動指標，每星期都會舉行兩至三次的布道演說。此外，他還在瓊斯鎮開辦了學校，進而對那些剛加入人民聖殿教的教徒進行「訓導教育」。通常這些活動都被安排在一天繁重的勞動之後才進行，並常常持續到深夜。透過這一系列手段，瓊斯的能力和才智得到了充分的施展，他親切地解決教徒的各種問題，同時為教徒灌輸他的世界觀，進而成為了教徒唯一的精神信仰。

瓊斯透過誇大美國水深火熱的社會問題來欺騙教徒，進

而使教徒們相信，居住在瓊斯鎮的他們，正在履行一項具有深遠意義的使命，人民聖殿教隨著時間的推移將會逐步改變世界的面貌，他稱人民聖殿教的教徒們是和平、仁愛事業的開拓者，並保證將來的歷史學家將把他們當作改變世界的先驅者載入史冊。吉姆・瓊斯謊稱他已受到上帝的啟示，從事這項將被後人推崇的偉大事業，他的教徒將得到永生，因此生活在更加美好世界裡的後人，會永遠將他們銘刻在心裡。

每天瓊斯鎮的廣播塔喇叭，都會播報由瓊斯親自錄製的新聞報導，這樣一來，瓊斯就能保證教徒們能夠隨時聽到他的聲音，也能夠透過廣播向教徒進行洗腦式的布道。在報導之中，美國被描述成日漸腐朽的國家，犯罪和貧窮隨處可見。而當時，瓊斯鎮與外界最基本的交流工具只是一台短波收音機。

從日常的供應訂單到機密的商業來往，瓊斯鎮所有與三藩市和喬治城的語音交流，都是透過這台收音機傳遞的。美國聯邦通訊委員會指責人民聖殿教存在技術違規並且將業餘頻率用於商業目的。因為這台短波收音機是瓊斯鎮唯一有效的非郵政通信工具，人民聖殿教則認為，美國聯邦通訊委員會威脅撤銷其操作員執照的行為，威脅了瓊斯鎮的存在。實際上，瓊斯如此依賴收音機，是為了限制教徒們的資訊獲取管道，也為了非法進行商業活動來斂財。

雖然吉姆・瓊斯採用思想洗腦、資訊封鎖的手段來控制

瓊斯鎮，但是瓊斯鎮的問題根本不是瓊斯簡單幾句話就能解決的。瓊斯鎮的土壤非常貧瘠，根本無法做到自給自足，因此需要進口肉類等大量的日用品。人民聖殿教的教徒都住在狹小又設施簡陋的公共房屋內，甚至有些房子的牆是用棕櫚葉編織而成的。教徒們每天吃的食物一般只有大米、豆類和蔬菜，偶爾才會有少量的肉醬和雞蛋。在1978年2月左右，諸如嚴重的腹瀉和高燒等疾病問題，影響著瓊斯鎮半數人的身體健康。

然而在這種情況下，瓊斯想的不是如何去改善瓊斯鎮的生活環境，反而利用各種手段去防止人民聖殿教教徒叛逃。瓊斯建立了一個類似私人衛隊的組織，這支名為「人民聖殿紅旅安全隊」由30人組成，必要時可以使用武器。

人民聖殿紅旅安全隊的建立，使瓊斯鎮變成了一個處於圭亞那內部的微型國家。管理機構由瓊斯的心腹組成，而瓊斯作為瓊斯鎮的獨裁者，擁有武裝力量，可以對任何企圖反抗的人進行鎮壓。

吉姆‧瓊斯還負責對兒童的教育工作，或者從另一個角度來說，兒童的教育工作由「國家」進行領導。所有的人都要日出而作，日落而息，而所得到的不過是一種精神上的獎賞，生產出來的利潤則全部落入管理人員的手中。

一些當地的圭亞那人，包括政府官員後來證實了殘酷的毆打，和一種名為「酷刑洞」的井存在，這種井用來關押那些違反規章制度的孩子們。孩子們逐漸屈從於公共的照

料，尊稱瓊斯為爸爸，一些孩子有時只允許在晚上簡短地和自己的親生父母見上一面。瓊斯也被成年人尊稱為父親或爸爸。在瓊斯鎮存在的時間裡，公社的育兒室共有33個嬰兒出生。

美國的政府組織，每月向瓊斯鎮的住民提供合計高達65000美元的社會福利金，而這些錢都移交給了人民聖殿教的管理層。1978年，美國駐圭亞那大使館的官員，在多個場合採訪了這些社會保障的受助人，以確保他們沒有被迫違背自己的意願。

在接受大使館採訪的75個人中，沒有一個人覺得被迫違背了自己的意願，或是被強迫在移交福利的支票上簽字，或是想要離開瓊斯鎮。到1978年末，據估計，人民聖殿教的財產已達到了2500萬美元，而這筆數額龐大的資金自然都被瓊斯掌握在手中。

瓊斯的王國越來越規範，但是他的身體狀況卻每況愈下，外界對瓊斯鎮的猜疑也甚囂塵上。隨著越來越多教徒從瓊斯鎮叛逃，人們逐漸瞭解瓊斯鎮內部是一個高度集權的獨裁政權。

1978年，北加利福尼亞國會議員里奧·瑞恩宣布將要訪問瓊斯鎮。11月14日，瑞恩一行18人搭飛機到達離瓊斯鎮240公里的圭亞那首都喬治城。到訪人員包括議員里奧·瑞恩、瑞恩的法律顧問傑基·斯貝爾、圭亞那資訊部代表內維爾·安妮伯恩、美國駐圭亞那大使館領事理查·德威

爾、《三藩市稽查報》記者蒂姆·利特曼、全國廣播公司記者唐·哈里斯、《三藩市稽查報》攝影師葛列格·羅賓遜、全國廣播公司音訊技術員史蒂夫、全國廣播公司製片人鮑勃·弗里克、《華盛頓郵報》記者查理斯·克勞斯、《三藩市紀事報》記者容·加沃斯、NBC視頻操作員鮑勃·布朗。以及由蒂莫西和格蕾絲·斯托恩、史蒂夫和安東尼·卡薩里斯、貝芙麗·奧利弗、吉姆·考博、謝爾文·哈里斯和卡洛琳·休斯頓·博伊德等人組成的人民聖殿教教徒親屬成員團。人民聖殿教的律師馬克·雷恩和查理斯·加里一開始拒絕了這支由政府官員、媒體代表以及親屬成員團組成的調查團進入瓊斯鎮

　　11月17日臨近中午，雷恩和加里通知瓊斯，無論瓊斯是否願意以及有無安排，瑞恩將在下午兩點三十分到達瓊斯鎮。瑞恩的團隊離開了喬治城，由雷恩和加里陪同，於幾小時後到達了瓊斯鎮十公里外的凱圖馬港機場。由於飛機座位有限，里奧·瑞恩並沒有把調查團全都帶到瓊斯鎮，除了政府官員和媒體代表之外，只有四名親屬成員團成員登上了飛機，陪同瑞恩團隊前往瓊斯鎮。

　　剛到瓊斯鎮附近的時候，瓊斯只允許瑞恩和其他三人進入瓊斯鎮，不過日落之後，其餘的人也獲准進入了瓊斯鎮。透過調查人員事後恢復的錄音帶得證，瓊斯早在瑞恩等人到達前，就已經排練過如何讓瑞恩的調查團相信這裡的所有人都生活在幸福之中。

　　當天晚上，瑞恩調查團在大廳參加歡迎儀式。儘管人民聖殿教為瑞恩調查團所舉辦的接待儀式非常友好，但是瓊斯卻透露說他感覺像是要死了一般，神經質又敏感多疑的他，咆哮著譴責了政府的陰謀以及媒體與敵人的攻擊。

　　當天夜裡，趁著歡迎晚會的熱鬧，格斯尼和莫妮卡這兩位人民聖殿教教徒邁出了逃亡的第一步。在大廳中，格斯尼偷偷向哈里斯遞了一張紙條，上面寫著：「敬愛的議員，我們是格斯尼和莫妮卡。請幫我們逃離瓊斯鎮。」

　　當晚，瑞恩、斯貝爾、德威爾和安妮伯恩留在了瓊斯鎮。調查團的其他成員，包括媒體和親屬成員團，都被要求自行解決住宿，所以他們在凱圖馬港的一家咖啡屋裡過夜。

　　18日下午，又有兩家人找到調查團，請求瑞恩將他們帶離瓊斯鎮。他們是帕克斯和柏格兩家，以及家中的女伴克里斯多夫·奧尼爾和哈樂德·科德爾。瓊斯准許了兩家人以及格斯尼和巴格比離開瓊斯鎮。NBC的唐·哈里斯將格斯尼的紙條交給了瓊斯，其他記者則將瓊斯團團圍住，就這張紙條和教徒要求離去等問題詢問瓊斯。瓊斯告訴記者，這些離開瓊斯鎮社區的叛徒，將會向世人撒謊並毀滅瓊斯鎮。

　　隨著一陣猛烈的暴雨落下，瓊斯鎮的許多家庭都產生了離開這裡的想法。大部分調查團的成員都乘坐大型卡車前往凱圖馬港機場，而瑞恩議員和德威爾則暫時留在瓊斯鎮以及時處理更多的逃亡者。就在卡車到達機場前，人民聖

殿教重視教徒拉里・雷頓和幾個教徒要求加入團體。他是早年從人民聖殿教叛逃的黛博拉・雷頓的哥哥。有幾名逃亡者質疑了他們上車的動機。

卡車離開瓊斯鎮不久後，人民聖殿教成員唐・斯萊手持一把刀綁架了瑞恩。儘管斯萊很快被群眾制服，瑞恩毫髮未傷，但是德威爾還是強烈建議瑞恩立即離開瓊斯鎮。

隨行人員最初安排了一架19座的奧特爾飛機飛往喬治城，由於逃亡人員的加入，需要另一架飛機來裝增加的人員，因此美國大使館安排了第二架飛機，一架6人座的賽斯納飛機。

當調查團在下午抵達凱圖馬港機場時，兩架本應已經到達的前來接應他們的飛機並沒有抵達，於是調查團只好在機場等待。等飛機到達後，調查團開始登機。

拉里・雷頓登上了計劃先起飛的賽斯納飛機。當飛機滑行到跑道遠端時，雷頓掏出了手槍，開始向乘客射擊。他擊傷了莫妮卡和格斯尼。當他試圖殺害帕克斯時，反被帕克斯解除了武裝。

與此同時，一部分乘客已經登上了稍大的奧特爾飛機。一輛由人民聖殿紅旅安全隊駕駛的拖車，牽引著一輛掛車向飛機靠近。當拖車與飛機距離約9米時，幾乎與賽斯納飛機上的槍擊同時，紅旅護衛隊開始向奧特爾飛機射擊。

在這次襲擊之中，議員瑞恩、攝影師鮑勃・布朗、攝影師葛列格・羅賓遜、NBC記者唐・哈里斯和人民聖殿教的

逃亡者佩特里希亞·帕克斯在槍擊中身亡。傑基·斯貝爾、史蒂夫·宋、理查·德威爾、蒂姆·利特曼和安東尼·卡薩里斯等人在槍擊中受傷。槍擊之後，兩架飛機的三名飛行員駕駛賽斯納飛機飛往喬治城，拋下了受損的奧特爾飛機和受傷的調查團成員。

瑞恩到死也沒想到，瓊斯鎮居然會用如此暴力的方式來對抗他們，因為在離開瓊斯鎮前往機場前，瑞恩就已經告訴人民聖殿教的委託律師查理斯·加里，他將在返回美國後撰寫一份報告，將瓊斯鎮描述為「情況基本良好」。瑞恩聲稱，自己所採訪的60名採訪對象中並無一人想要離開，那14名想要離開的教徒只是瓊斯鎮居民中的個例，他們感覺自己遭到監禁的原因，大概是源自同伴壓力和物質交流的缺失。

儘管加里將這項情況報告給了瓊斯，但瓊斯仍然告訴他「我已經失敗了」。蓋里一再表示瑞恩將會做出一份積極的報告，但偏執的瓊斯卻堅持認為「一切都失敗了」。

事後，一段44分鐘長的錄音帶，記錄了瓊斯於那天傍晚在大廳召開的集會部分情景。集會開始前，瓊斯的助手準備了一個盛著草莓汁的金屬大桶，並在其中投放了安定劑、水合氯醛、氰化物和異丙嗪等幾種藥物。

在這卷錄音帶的記錄中，瓊斯曾催促聖殿教成員實施「革命性自殺」。聖殿教之前就已經計劃過這種「革命性自殺」，而根據瓊斯鎮逃亡者的說法，這個理論是：「你

將名垂青史；你選擇了自己的道路，而拒絕腐敗的社會步入嶄新的世界是你的義務。」

在瓊斯證實了「國會議員之死」後，再也沒有反對聲出現。人民聖殿教的狂熱教徒紛紛發表了談話，他們不停讚美瓊斯和他所做出的集體自殺的決定，甚至在瓊斯停止為此道謝並懇求加快進程之後仍未停止。

瓊斯安撫那些感到絕望的信徒：「要有尊嚴地死去，要有尊嚴地倒下；不要帶著眼淚和痛苦倒下。」他還說：「我告訴你們，我不在乎你們聽到了多少尖叫，我不在乎有多少痛苦的人在哭喊，死亡比繼續過十天這種日子要強一百萬倍。如果你們知道前方是什麼，如果你們知道前方是什麼，你將會慶幸這一切將在今晚結束。」但是事實是，這是一場慘絕人寰的集體自殺，甚至是謀殺。

現場情形極為淒慘。許多人飲下了劇毒的草莓汁，部分人選擇了反抗，但他們立即被人民聖殿紅旅安全隊強行灌下氰化物，或槍殺、勒死。有些深受毒害的信徒自殺前平靜地說：「今天我們都要死去，但明天他就會讓我們復活。」監督信徒自殺的瓊斯喃喃自語：「這是個偉大的時刻。全都有尊嚴地死去吧。」半個小時後，「聖殿」中的絕大多數信眾中毒身亡。

最終，人民聖殿教教主吉姆·瓊斯被發現死於他的椅子旁，位於另兩人之間，頭下面墊著一個枕頭。他死於左邊太陽穴上的槍傷，根據圭亞那驗屍官賽利爾·穆圖的說法，

這是瓊斯自己開的槍。

在瓊斯鎮發生的這一時間，是除了二十多年後發生的911事件以外，美國民眾於現代史上最大規模的非自然損失。而直至此刻，人們才如夢方醒，吉姆・瓊斯的瓊斯鎮根本不是天堂，這裡沒有希望，有的只是他的驚世騙局，那些被奪走信仰的教徒在世的時候，被瓊斯騙走了畢生積蓄和精力，最終也被騙走了生命。

誠實的騙子

　　1988年，澳洲的「60分鐘」電視節目迎來了一位了不起的嘉賓，這位看起來才20多歲的年輕人，自稱是來自委內瑞拉已經活了2000多年的靈媒卡洛斯。他宣稱自己能夠代替亡魂傳遞資訊，能夠讀心，甚至能讓自己的心跳停止跳動。

　　卡洛斯的身上集結了所有靈媒的特質，他是活著的神話。在短短3天內，卡洛斯輾轉於各地進行表演，他陸續在8個不同的電視節目中展現自己超凡的本領。澳洲各大媒體都對這位神奇的靈媒進行了報導。

　　卡洛斯到達澳洲僅僅7天，他在雪梨歌劇院進行演出的門票就已經被哄搶一空。所有人都相信卡洛斯真的是一位活了2000多年的靈媒，但是沒有人會想到，這只不過是一場抨擊靈媒行為的「善意的騙局」。

　　其實卡洛斯原名叫約瑟·阿爾瓦雷斯，他是一名在紐約從事藝術表演的藝術家。而讓他冒充靈媒的則是大名鼎鼎的魔術師詹姆斯·蘭迪。蘭迪之所以設計了這樣一個騙局，

其目的就是揭穿那些利用魔術手法冒充靈媒大肆斂財的騙子。用一個騙局去揭露一種騙局，想必也只有蘭迪這樣的人才能想得出來。

詹姆斯·蘭迪致力於揭露謊言，雖然他曾經也是一名魔術師，但是他認為魔術師事先告訴別人他所做的一切都是假的，然而有些人卻公然利用欺騙的手段去牟利，這讓他難以接受。

詹姆斯·蘭迪曾經編寫過一本《大騙局》，他在書中也揭露了很多自稱擁有特異功能和超自然能力的奇人。也正因如此，一些被假靈媒騙過的人才會想到他。

因為澳洲的製片人曾打電話給蘭迪，問了一個非常簡單的問題。當時有很多自稱靈媒的人在澳洲四處行騙，讓當地人苦不堪言，因此這位製片人詢問該如何揭穿這些假靈媒的把戲。

蘭迪很輕鬆地說，揭露一個騙局最好的辦法，就是證明那些騙子的勾當任何人都能做到，那為什麼不自己造一個靈媒證明那些事我們也能做到呢？

於是蘭迪找來了約瑟·阿爾瓦雷斯，讓他扮演靈媒卡洛斯。為了讓這個「卡洛斯」更加真實，蘭迪把所有靈媒用的手段都彙集到了他身上。約瑟自稱活了2000多年，他在說話的時候常常說些別人不能理解的東西，還常常感歎時間過得很快。

只憑藉這位靈媒自吹自擂，是很難讓人信服的。所以蘭

迪和約瑟雇用百老匯的觀眾，讓他們假冒是信奉卡洛斯的信徒。為了讓卡洛斯更加真實，他們效法著名的預言家諾查·丹瑪斯，編撰了一本預言書，叫做《卡洛斯的教誨》。

這是一場精心設計的玩笑，更是一個善意的騙局。蘭迪事後說：「我們做這件事時從頭笑到尾，因為那些東西簡直太荒謬了。」

卡洛斯能夠讀心，能夠準確說出觀眾的個人資訊。其實這只不過是利用了現代科技。在約瑟·阿爾瓦雷斯的耳朵裡有一個接收器，透過這個儀器，約瑟能夠聽到觀眾中的內線提供給他的資訊。其實這種手法很常見，早期那些拙劣的讀心術大師和假裝成福音的騙子都曾用過類似手段。蘭迪早在很多年以前就曾經揭穿過此類的騙局。

除了讀心術以外，卡洛斯最令人驚歎的「絕技」就是讓心跳暫停。這種表演十分戲劇化，人們檢測卡洛斯手臂上的血管，發現卡洛斯的脈搏停止了。這真是令人難以置信的表演，因此人們對卡洛斯深信不疑。

「實際上方法很簡單，我們在他的腋窩裡放一個小橡膠球，然後固定好。這樣在需要的時候他只要用胳膊擠壓小球一下，那條胳膊的血液循環就會暫時中止。」蘭迪認為這種手法很簡單，可是很多人並不知道這種真相，都以為卡洛斯真的是一位靈媒。

卡洛斯的表演在澳洲獲得了萬人空巷的效果，詹姆斯·蘭迪為了揭穿假靈媒是如何騙財的，並沒有向觀眾收取入

場費用。但是他們用一些稀奇古怪的東西去欺騙觀眾。蘭迪找來了一小塊鑲在相框內的石英，宣稱它是遠古文明亞特蘭提斯的神祕水晶。這塊水晶的定價為2萬美元，而讓人難以置信的是，有三位觀眾都願意買下它。還有人願意出錢買「卡洛斯」的眼淚，並和靈媒單獨見面。

透過這些神奇的表演，蘭迪和約瑟成功地讓靈媒卡洛斯成為了最神奇的靈媒。人們紛紛讚歎卡洛斯：「他太偉大了，這是真的。」

不過為了表明這一切只是一場善意的騙局，蘭迪和約瑟故意留下了很多十分明顯的線索。蘭迪說卡洛斯曾經在加利福尼亞的一個小鎮出現過，事實上這個小鎮根本不存在；他們還說卡洛斯曾在三藩市的一家劇院進行過表演，當然這個劇院也是假的。只要澳洲的媒體去查驗，就會輕易地發現蘭迪設計的這場騙局。然而，卻沒有任何人或者媒體去查。

約瑟所扮演的靈媒卡洛斯一直被公眾信任著，直到最後，騙局才被他們的合作者，澳洲電視台的「60分鐘」節目揭破。騙局被揭穿，騙局的本意也被人所獲知。因此，這位假靈媒卡洛斯的使命並沒有結束。

只要還有什麼通靈大仙、精神治療者繼續欺騙公眾，表演藝術家約瑟就會以靈媒卡洛斯的身分周遊世界揭穿他們的謊言。而蘭迪也不遺餘力地支持他的朋友，因為他熟知所有假靈媒欺騙世人的把戲。

其實詹姆斯・蘭迪做這種事情已經不是第一次了，他不

相信世界上有超自然的事情，他不相信那些身具異能的奇人異士。早在1964年，蘭迪就宣布，如果有人能夠在他面前展示自己的特異功能，並獲得他的驗證，他就會支付1000美金。但到目前為止，這個獎金已經漲到了100萬美金，卻沒有一個人能夠在蘭迪面前拿出確鑿的證據。

戰爭騙局

孫子曰:「兵者,詭道也」。爾虞我詐才是戰爭,運籌帷幄才是謀略。任何一部戰爭史,其實都是智者的棋盤,沒有任何勝利是靠愚昧無知而獲勝的。

世上最經典的偷襲、登陸、密碼戰都是一個個精密到極致的騙局構成的,有人說兵法的境界是永遠知道敵人的下一步,但其實最高境界卻是讓敵人知道你的下一步,然後再依據敵人的反應,設計好騙局來擊潰敵人。

偷襲珍珠港

　　1941年12月2日，下午1時，日本一艘最豪華的遊船「龍田丸」號駛離了橫濱港的海岸，這是它第二次充當「撤僑船」。

　　「龍田丸」啟航當天，日本各大報紙奉命報導了這則新聞，《朝日新聞》晚刊還特別用了大字標題「第二次赴美撤僑，『龍田丸』號啟航駛向波瀾壯闊的太平洋」。新聞中報導：「船上乘客共有148人，其中有挪威駐日代表辦康斯特先生的夫人，智利新聞記者布拉內托等外國旅客共35人。船隻徐徐駛離碼頭……」

　　這則新聞表面上看，是一則再平常不過的報導了，但是包括「龍田丸」號的船長木村莊平本人在內，許多人都覺得奇怪，這艘船啟航的日期為什麼一延再延。

　　世界上總有些事情的真相，並不是我們從表面上就可以輕易看到的。在第二次世界大戰期間，存在著大大小小的騙局，其中日本對珍珠港的偷襲就是最具代表性的一個。偷襲珍珠港事件，不僅對美國、日本兩個國家有著重

大的影響，它甚至對整個二戰的戰爭局勢都有著不可忽視的作用。

第二次世界大戰期間，日本軍國主義一直都希望透過掠奪菲律賓、馬來西亞等東南亞國家的資源來彌補本國原有資源的不足。1941年，日本終於下定決心開始實施侵略東南亞的計劃。

在開始的時候，日本的計劃進行的並不順利。因為對東南亞的侵略無疑會影響到美國、英國等國家的利益。為了保全自己，美國和英國同時取消了對日本的經濟貿易，這無疑是對日本造成了不小的打擊。因為透過與美、英二國的貿易，日本可以得到鋼鐵和石油的供給。沒有了鋼鐵和石油，日本就無法製造戰爭急需的一系列作戰裝備，這將會對日本的對外擴張造成致命的影響。

日本當時的處境非常尷尬，強烈的侵占意識讓他們無法停止對外的擴張，但是他們一旦決定繼續南下奪取資源就無異於向美國、英國等強國宣戰。

如果停止對外擴張，在外交上與美國、英國和好，那就無法進一步實現軍國主義擴大自己統治力的目的。日本政府經過探討後最終決定侵占東南亞的資源，以此來代替美國、英國禁運的損失。

夏威夷島在當時的時局中處於非常重要的戰略地位，它位於太平洋中部，東面遙望美國西海岸，西面對峙日本東海岸，北面是阿拉斯加和白令海峽，南面又有很多島嶼。

處在中心位置的夏威夷，一直是人們跨越太平洋的重要中轉站。

夏威夷群島上也駐紮了美軍的軍事基地，它也是連接美國本土與太平洋中各個島嶼的軍事紐帶。美國海軍最重要的太平洋艦隊也駐紮於此，這對日軍在太平洋上的戰略部署是一個潛在的巨大威脅，所以日本政府認為，如果不能有效地摧毀美軍太平洋艦隊，就無法順利進行南下侵略的計劃。

1941年初，日本海軍高層就開始為偷襲珍珠港謀劃著各種方案。時任日本聯合艦隊司令山本五十六、海軍少將大西瀧治郎以及源田實海軍少佐都認為，如果不能在與美軍開戰之前，及時的給予美軍太平洋艦隊以摧毀性打擊，就無法在接下來的戰爭中，戰勝具有強大實力的美國軍隊。而想要在開戰之前就拿下珍珠港，最有效的方式就是偷襲。

伴隨著這樣的議案，日本海軍內部反對的聲音也此起彼伏。很多人都認為，這樣的計劃太過冒險。偷襲的結果，只能把日本逼到再也無法迴轉的餘地，況且單憑日本現有的裝備程度，也不可能完成打擊美軍駐地的目的。

1941年9月6日，日本裕仁天皇召集領導層開會，首相宣讀了《國策計劃綱要》。這個綱要中寫到：第一，帝國決心不惜冒險與美國、英國及荷蘭開戰，已達到其在南太平洋的經濟目的。戰爭準備工作將要在10月末以前完成。

第二，在哪個暫時規定的期限之前，帝國將試圖透過談判來實現其要求。出席會議的大部分人都表達了自己的擔憂，因為事關重大，會議結束之後，日本政府暫時沒有批准偷襲珍珠港的計劃。

10月11日，山本五十六把約50名艦隊的指揮官聚集在軍艦上，儘管很多人都對他的決定抱持懷疑，但是他還是擲地有聲地向大家發表了一次演說。

在演說中，山本五十六表明了自己襲擊珍珠港的決心，他說自己已經把大家的建議和意見銘記於心了，但是經過長年對戰爭局勢的研究讓他看到，如果不率先發動對美軍太平洋艦隊的攻擊，日本就無法保證全盤的南下計劃實施。最後他說：「只要我擔任著這支聯合艦隊的總司令一天，就一定要襲擊珍珠港。」

頂著層層的壓力，在十月末的時候山本五十六派出了一名特使黑島龜人大佐去和日本海軍最高權力機構談判，他授意黑島，無論採取任何手段都要說服大家。

黑島帶著山本五十六賦予的使命去找軍令部作戰部長富崗大佐。他直接和富崗攤牌說：「山本大將堅持一定要採納他的計劃，他已經授權我鄭重聲明，如果這個計劃不被採納，那麼，他就不能再對帝國的安全負責，他和他的所有部下除了提出辭職以外，就別無其他選擇。」

富崗大佐聞聽此言馬上感覺到事態的嚴重性，如果山本五十六真的帶領部下遞交辭呈，日本軍事機構將受到無以

挽回的創傷。左思右想之後，他決定幫助山本五十六遊說軍令部的其他高層領導。

最後，在富崗的極力勸說下，軍令部批准了對珍珠港的襲擊。1941年12月1日，在一次由日本裕仁天皇親自出席的御前會議上，這個行動被正式批准。

山本五十六得到了自己想要的結果，便開始帶領著聯合艦隊著手各種準備。為了偷襲計劃順利的進行，山本在此之前製造了各種假象。他明修棧道暗度陳倉，為了掩飾自己的真正意圖，開始謀劃對美國的騙局。

「龍田丸」號的出海就是他計劃的一部分，目的就是掩飾自己準備偷襲珍珠港的計劃。「龍田丸」號原定11月中旬啟航，後來又被延遲到20日，緊接著又被延遲，一直到27日才最後定下來在12月2日啟航。

為了放足煙霧彈，山本五十六命令國內各大報紙都對「龍田丸」號大幅報導。11月25日報紙說，據外交當局發表談話稱：「龍田丸」號開往洛杉磯和巴拿馬的巴爾博亞港。日後，該船準備完畢即將返航。11月27日，又宣布，據外交與郵電當局發表談話稱：「龍田丸」號航行日程為12月2日自橫濱出發，14日抵達洛杉磯，16日自洛杉磯啟航，19日抵達墨西哥曼薩尼略，22日從曼薩尼略啟航，26日抵達巴爾博亞港；28日從巴爾博亞港啟航回國。

根據山本五十六的計劃，「龍田丸」號的航行只是掩人耳目的一個幌子，就在「龍田丸」號啟航的同一天，日本

外相東鄉茂德發密電給日本駐美國大使野村吉三郎，命令他：「銷毀密碼機、密碼本和密碼略語。」而前一天，也就是12月1日，「龍田丸」號的船長木村莊平被通知來到了海軍省軍務局的辦公室。他被囑咐一路上要多加小心，另外還得到一個長方形的木箱，讓他在緊急的情況下用來鎮壓旅客。

木村莊平也是事後才知道，木箱裡面裝有20支手槍、子彈和指令信。在啟航當天，海軍省的大佐也上了船，在海圖室和木村船長進行了祕密的談話。大佐對他下達命令：「必須把所有真空管都拆下來，不能讓乘客收聽廣播。船上不准拍發任何無線電報。」直到12月7日，珍珠港被偷襲成功之後，「龍田丸」號才被允許返航。

山本五十六為了達成偷襲珍珠港的目的，為世人編織了一張騙局的大網，除了「龍田丸」號以外，他還採取了更為誇張的手段。1941年12月5日，在山本的策劃下，500名來自橫須賀海軍學院的學生搭乘火車來到了東京。學生們奉命戴上了印有「大日本帝國海軍」字樣的帽箍，在教官的帶領下排著整齊的隊伍在皇宮前的廣場集結。

另外一方面，500名同樣裝束的海軍炮術學院的學生們也按照指示來到廣場，會合之後他們共同參拜了皇宮。隨後這些學生又奉命按照既定的路線進行參觀。學生們一路上參觀了靖國神社、朝文日報社等地點。

從12月5日到12月7日的整整3天裡，日本海軍部先後組

織了多個學校的3000名見習生和學員，裝扮成海軍官兵的模樣造訪了東京的各個景觀式地點。人們也都對這些穿戴整齊的「海軍」們投以好奇的目光，東京各大報紙都按照指示為這次活動做了大規模的報導。

《朝文日報》晚刊大字標題登載了《三千海軍勇士來社參觀》的題目。《讀賣新聞》等報刊也登載了大篇幅的海軍照片。學生海軍參觀東京的消息被大肆宣傳著，然而真正的日本海軍，此時卻正在穿過太平洋，在準備偷襲珍珠港的路上。

日本在轟轟烈烈地偽裝下，悄悄的做著偷襲的準備。在太平洋對岸的另一方面，日本駐美大使也在與美國政府積極的交涉。根據山本五十六的指示，日本大使將在日本海軍襲擊珍珠港之前向美國遞交一份宣戰書。

在此之前，日本大使要一直和美國代表保持友好的協商態度，協商的話題也始終圍繞著一旦日本入侵東南亞，美國將做出怎樣的反應。

按照計劃，日本當局在襲擊珍珠港之前，對駐美日本大使野村吉三郎和來棲三郎發了一封電報，並命令他在下午一點將它遞交給美國國務卿科德爾·赫爾。但是由於日本大使館沒能及時對這份電報進行翻譯，導致野村吉三郎和來棲三郎在日本襲擊珍珠港之後才把這份宣戰書交給了美國。原本對日本襲擊珍珠港事件就很憤怒的美國，因為這份延遲的宣戰書，更增加了對日本的不滿。

1941年11月26日，日本海軍中將南雲忠一率領以「赤城」號航空母艦作為先導的6艘航空母艦為主力的艦隊駛離日本擇捉島單冠灣。

這支隊伍，除了航空母艦之外還包括兩艘戰列艦、3艘巡洋艦、9艘驅逐艦和23艘艦隊潛艇與5艘袖珍潛艇。另外兩艘驅逐艦和8艘郵輪也提前開到北太平洋隨時接收指令。

12月7日上午5時30分，兩架遠程海上飛機被派遣為先遣部隊對美國艦隊進行最後的偵查。日本海軍將領明白，如果他們被發現，那將影響到整個偷襲計劃，但是為了取得最準確的情報他們不得不冒這個險。偵查的結果讓日軍非常高興，因為美國的艦船依舊停泊在珍珠港，也沒任何的防範措施。

當天6點10分，接到日本本部命令的海軍開始對珍珠港進行偷襲。第一波襲擊總共出動了183架飛機，包括43架零式戰鬥機、51架九九式俯衝轟炸機、40架九七式魚雷攻擊機和49架攜帶重磅重穿甲彈。算上第二波襲擊出動的171架飛機，這次偷襲一共出動了354架飛機。

沒有做任何準備的美軍只能倉促應戰，最後損失非常慘重。8艘戰列艦其中5艘被擊沉，3艘受到重創；3艘巡洋艦被擊傷，2艘驅逐艦被擊沉；188架飛機被擊毀，155架飛機受損；2402人陣亡，1247人受傷，光是「亞利桑那」號戰列艦爆炸沉沒時就有1177人死亡。而日軍的代價僅僅是29

架飛機被擊落；5艘袖珍潛艇中4艘被擊沉，1艘被俘；64人陣亡，1人被俘。

山本五十六的騙局成功了，偷襲珍珠港的成功讓日本人在二戰太平洋戰場上取得了暫時的優勢。但是山本卻沒想到，這次完美的偷襲，讓美國對日本產生了徹骨的仇恨，從另一個方面來說，這也是日本走向失敗的一個開始。

諾曼地登陸

　　眾所周知，諾曼地登陸是第二次世界大戰中，盟軍在歐洲西線戰場發起的一場大規模攻勢。到目前為止，諾曼第戰役也是世界上最大的一次海上登陸作戰，接近三百萬士兵渡過英吉利海峽前往法國諾曼第。這場戰役的發起，是源於史達林向邱吉爾提出的一個要求。

　　1941年9月，由於德軍對蘇聯的攻勢異常猛烈，所以史達林向邱吉爾提出要求，希望在歐洲開闢第二戰場，這樣就能夠分散一部分德軍在蘇聯的戰鬥力。但是當時美國還沒有參戰，英國的實力又非常有限。雖然邱吉爾非常想對蘇聯戰事有所幫助，但是也愛莫能助，最終只能派遣少部分的部隊對歐洲大陸的德軍實施偷襲。

　　1942年6月，蘇、美、英發表聯合公報，達成在歐洲開闢第二戰場的共識，但英國在備忘錄中對承擔的義務也做了一些保留。

　　同年7月，英美倫敦會議決定，1942年秋天在北非登陸

作戰，把在歐洲開闢第二戰場的計劃延遲到1943年上半年。這次會議的決定，對蘇聯無疑是一個非常不好的消息，因為當時蘇德戰場的局勢非常嚴峻，德軍已經開始攻打斯大林格勒。

在這種情形下，史達林強烈要求英、美儘快發動歐洲登陸作戰，以牽制德軍在蘇聯的作戰。英國最後勉強派出6018人組成的突擊隊在法國迪耶普登陸，結果可想而知，部隊傷亡5810人，傷亡率高達96.5％。

1943年1月，英美在卡薩布蘭卡召開會議再次延遲了在歐洲登陸的計劃，在會議上，英國強調了之前迪耶普登陸的失敗，並以此為由堅持把在歐洲大陸的登陸作戰計劃延遲到1943年8月。

但實際上，英國一方面想趁著蘇德的戰爭在其中得到一些好處，另外一方面借助美國的力量恢復大英帝國戰前在北美和南歐的傳統勢力。

然而美國早就看出了英國的打算，對英國提出的藉口給予了堅決的反對，最終，英國只能妥協，同意成立英美特別計劃參謀部，專門負責制定在歐洲的登陸作戰計劃。由英國陸軍中將弗雷德里克・摩根擔任參謀長，摩根上任之後就組建了「考薩克」，也就是同盟國歐洲遠征軍最高參謀部。

「考薩克」的主要成員有副參謀長美國陸軍準將雷・巴克以及所有與登陸有關的各兵種的代表，負責指揮對歐洲

大陸偷襲騷擾作戰的英國聯合作戰司令部司令蒙巴頓海軍中將也在其中。

1943年5月，英美華盛頓會議，決定於1944年5月在歐洲大陸實施登陸，開闢第二戰場。接到通知後，「考薩克」立即行動，開始制定登陸計劃。首要問題就是確定登陸地點，根據以往的經驗，登陸的地點必須滿足以下幾點要求：第一，登陸地點要在從英國機場起飛的戰鬥機半徑之內；第二，航渡距離不能太遠；第三，附近要有比較大的港口。

從荷蘭弗利辛恩到法國瑟堡，長達480公里的海岸線上，能夠同時滿足以上三個要求的登陸地點只有三個：科唐坦半島、加萊和諾曼第。經過進一步的分析比較，「考薩克」發現科唐坦半島地形狹窄，對於登陸計劃非常不利，首先被否決。

加萊距離英國較近，只有33公里，和法國的距離也合適，但是德國在那裡的防禦也是最強的，附近也沒有比較大的港口，內陸交通不夠便利。諾曼第距離英國較遠，但是德國在那裡的防禦相對較弱，和法國的大港口瑟堡僅80公里，而且地形比較開闊。經過利弊的多方面權衡，最終「考薩克」把登陸地點確定在諾曼第。

1943年6月26日，「考薩克」開始制定具體的登陸計劃，「霸王」就是本次作戰行動的代號，其相關海軍的行動代號為「海王」。在最初的計劃中，3個師在卡朗唐至卡昂之間32公里寬的三個灘頭進行登陸，同時空降2個旅。緊

跟其後的是8個師，他們將在兩週之內占領瑟堡。

　　在整個計劃中有一個難題，那就是在占領瑟堡之前如何解決部隊的後勤補給。因為按照計劃，部隊在諾曼第駐紮的時間是五、六月分，這期間諾曼第大多是大風大浪的天氣，如果僅靠登陸灘頭是無法保證後勤補給的。

　　就在大家束手無策的時候，「考薩克」的海軍代表英國海軍少將約翰‧修斯‧哈萊特想起蒙巴頓在一次會議上開的玩笑：既然沒有天然港口，就造一個人工港口。因為找不到更好的解決方案，最後這個計劃被批准。7月15日，摩根把「霸王」行動的大綱呈交給了英、美聯合參謀長委員會。

　　1943年8月，英美魁北克會議批准了「霸王」行動，當年11月，蘇、美、英三國經過探討協商，最終達成了對德國開闢第二戰場的協定。這項協議規定，英、美將在1944年5月在西歐登陸，蘇軍也將在東線同時發動攻勢。

　　盟軍最高司令原定由英國將領擔任，但是邱吉爾知道登陸之後的美軍人數將會超過英軍，所以主動提出讓出最高司令的位置。羅斯福總統原本打算讓陸軍參謀長馬歇爾出任，但是考慮到馬歇爾需在華盛頓做統籌工作，最後決定遣派馬歇爾推薦的盟軍地中海戰區司令德懷特‧艾森豪出任。

　　他在1944年1月2日於倫敦上任。最高司令部的其他成員有：英國空軍元帥亞瑟‧泰德任副司令，美國陸軍中將沃爾特‧史密斯任參謀長，英國陸軍中將弗雷德里克‧E‧摩根任副參謀長，英國陸軍上將伯納德‧蒙哥馬利任陸軍

司令，英國海軍上將伯特倫‧拉姆齊任海軍司令，英國空軍上將特拉福德‧雷馬婁里任空軍司令。

艾森豪接到計劃之後覺得突擊面太窄，在最初的攻擊中缺乏足夠的突擊力量，最後他把登陸面積擴大為80公里，第一梯隊由原來的3個師增加到5個師，登陸灘頭由原來的3個增加到5個，空降兵從2個師增加到3個師，最終這項修改得到了最高司令部，三軍司令的認同。

1944年2月，英美聯合參謀長委員會批准了「霸王」行動大綱和修改後的作戰計劃，但是為計劃設定的原有作戰裝備等相關事宜，也需要更多的時間來修整。最後，登陸日期被延遲到了6月初，並且將原定同時在法國南部的登陸延遲到了8月。

由於登陸日期的改變，原有的許多計劃都要跟著有所調整。各個部隊根據自己的實際情況都提出了不同的要求。陸軍要求在高潮的時候登陸，這樣能夠減少部隊暴露在海灘上的時間；海軍要求在低潮的時候登陸，這樣能夠減少登陸艦遭到障礙物破壞的機率；空軍要求在月光充足的夜晚登陸，這樣有利於空軍對地面目標的識別。

經過多方面因素的整合，登陸日期被安排在月圓之夜的凌晨一點。而在1944年6月中只有兩個連續三天的時間段能滿足條件，6月5日到6月7日，6月18日到6月20日，最後經過討論，大家決定把登陸日期定在6月5日。

此次登陸作戰的目的，是為即將開闢的歐洲第二戰場在

法國北部奪取一個戰略性登陸場。在整個計劃中，盟軍在成功登陸諾曼第之後，需要快速把登陸場擴展到寬100公里，縱深100公里。

在登陸場的右翼空降2個美國傘兵師，切斷德軍從瑟堡出發的增援，協同登陸部隊奪取猶他灘頭；在左翼空降一個英國傘兵師，奪取卡昂運河的渡河點。緊接著是8個加強營在5個灘頭登陸，建立登陸場。等到後續部隊上岸之後一舉攻占瑟堡，部隊左翼向卡昂發展。在這之後將陸續攻占卡昂、巴約、卡朗唐，最後攻占布列塔尼，向塞納河推進，直接進軍巴黎。

這次行動由於規模宏大，盟軍一共集結了288萬人的部隊。陸軍共36個師，其中23個步兵師，10個裝甲師，3個傘兵師，一共大約153萬人。海軍參加作戰的約5300艘艦船，其中戰鬥艦包括13艘戰列艦、47艘巡洋艦、134艘驅逐艦，登陸艦4126艘，另外還包括5000多艘運輸船。空軍參加戰鬥的有13700架飛機，其中包括轟炸機5800架，戰鬥機4900架，運輸機3000架。

對於盟軍即將展開的登陸戰爭，德國軍隊並非一絲察覺和準備都沒有，早在1941年12月，德國就已經開始構建沿海永久性防禦工事，也就是著名的「大西洋壁壘」，但是由於各種原因，一直到1944年5月，在塞納河以東地區這個工程只完成了68%，塞納河以西僅完成了18%，只有在加萊地區的工程進度基本完成。

　　盟軍為了能夠順利的在歐洲開闢第二戰場，除了成立歐洲盟軍遠征軍最高統帥部，統一組織指揮這次行動以外，英、美兩國還動員了國內各種戰爭資源。

　　然而法西斯的戰鬥力還是不容小覷的，他們早已覺察到英、美有可能聯合起來，透過登陸來開闢第二戰場。1942年3月，德軍最高統帥部就發布了第40號元首指令，指出歐洲所有沿海地區都面臨著盟軍登陸的危險。1943年11月，希特勒又發布了第51號指令，進一步重申第40號指令的內容，強調了盟軍有可能在近期進行登陸作戰，並把丹麥至法國的沿岸列為主要防禦的地段。

　　對於盟軍來說，此時的德國雖然在蘇聯、義大利和北非戰場上受到了不小的打擊，但是實力依然強大。「大西洋壁壘」是納粹德國用來防禦西線可能遭受入侵的一系列堡壘工事和軍事設施。

　　一旦德國人知道盟軍登陸的確切地點，他們就可以毫不費力的消滅所有盟軍登陸部隊。「霸王」行動是否能夠成功，對每個人來說都是一個懸念，艾森豪將軍在給一位朋友的信中就曾寫到過：「這一次，緊張的情緒和氣氛都是空前的。因為我們不是在冒一次戰術行動失敗的危險，而是生死存亡在此一舉。」

　　邱吉爾也說：「要摧毀那些用現代火力裝備起來，由訓練有素的將士防衛著的鋼鐵工事，可供選擇的餘地很小，只能用出奇制勝的方法。」就是在這樣的情況下，「雅億」

計劃應運而生。

為了確保諾曼地登陸計劃的順利實施，倫敦監督處受命制定了一個「對敵人實施心理欺騙」的計劃，這個計劃被命名為「雅億」。這份計劃書長達七頁，在第一頁的頂端畫著五條綠槓，標明了檔案屬於特別機密等級。

在這份「對敵人實施心理欺騙」的計劃封面上赫然寫著一行字：「這份檔案是英國政府的財產。」而這一說明是專為英國最重要的國家文件而用的。「雅億」是《舊約全書》裡「底波拉之歌」中的一個女性的名字，這份計劃簡略地概述了為掩護「霸王」計劃所使用的全部謀略。它的作者就是倫敦監督處首領貝文上校和溫蓋特中校。

「雅億」計劃包括六個對德軍的矇騙計劃，三十六個附屬計劃還有一些相關的零散計劃。倫敦監督處對「雅億」計劃給予了很大的期望，它將從五個方面對「霸王」計劃進行護航：包括竊取情報、反間和保密、敵後特別行動、政治宣傳和心裡欺騙。

其中最機密的一項計劃就是對敵人的心裡欺騙，這也是盟軍最後的祕密武器。盟軍希望，透過「雅億」計劃，讓德軍相信盟軍在歐洲登陸的地點不是諾曼第，而是斯堪的納維亞、巴爾幹半島、法國的加萊海峽或者其他任何一個地方。

「雅億」中專門圍繞登陸諾曼第的欺騙計劃被命名為「堅韌」。它又被分為了「北方堅韌」和「南方堅韌」兩

個部分,其中「北方堅韌」的目的,是用來牽制德軍在斯堪的納維亞的27個師。「南方堅韌」的作用,是把德國第15軍拴在加萊地區。

　　1943年11月在德黑蘭會議上,「雅億」計劃得到了邱吉爾和羅斯福的贊同。同年,倫敦監督處召開會議,準備在把「雅億」計劃提交給華盛頓的盟軍聯合參謀部會議前,宣讀和通過該計劃的最後草案。會議很快通過了計劃草案,原有文件幾乎沒有改動,唯一的變化是邱吉爾提議把計劃重新命名為「衛士」計劃。這是因為邱吉爾在幾天之前曾經說過:「在戰爭期間,真理是如此寶貴,因而必須用謊言去保衛它。」

　　「衛士」計劃涉及的範圍很廣,參戰雙方和每一個中立國家幾乎都與它有關。負責這個計劃的組織是倫敦監督處,但是在有需要的時候,英國情報局、美國戰略情報局、英國特種行動局以及盟軍中專門從事欺騙的單位,以致於盟軍的政府首腦和國家機構都要配合其工作。貝文為了取得蘇聯的支持,專程在1944年1月29日飛往莫斯科,和蘇聯軍隊總參謀部進行了一個多月的談判和協調。3月3日雙方達成協議,「衛士」計劃開始正式成為蘇、美、英三國一致的行動綱要。

　　此時,英國已經能夠成功破獲德軍的無線電密碼,透過「超級機密」(英國破譯德國密碼的資料處理機),英軍能夠清晰地掌握希特勒對盟軍行動的預測方向在加萊海峽。

另外，英軍已經幾乎逮捕了所有德國派到英國的間諜，這些間諜中已經有一部分的人向盟軍投降並且願意充當「雙面間諜」。

英國有一個名為「雙十委員會」的組織，它專門控制雙面間諜的活動。在計劃實施的過程中，「雙十委員會」就利用雙面間諜向德軍散布一系列的假情報。由於當時德國的兩大情報組織軍情局和黨衛軍保安部正在進行激烈的內部鬥爭，因此他們無暇把注意力集中在獲取英國情報的工作上。德軍全部依靠無線電監聽和空中偵察或者依靠盟軍故意走漏的消息，來判斷「霸王」行動的真實內容。在這種情形下，倫敦監督處對「衛士」計劃抱有了極大的信心和期望。

雖然擁有各種優勢，但是任何一個小小的紕漏都將使「衛士」計劃功虧一簣。面對戰爭經驗無比豐富的德軍，盟軍也只能如履薄冰，小心翼翼的把控著計劃的每一個環節。

「衛士」計劃主要有兩個目的：首先透過這種途徑分散德軍在歐洲各地的實力，進而降低德軍在諾曼第的防禦能力；其次是誘騙德軍相信諾曼地登陸只是一場佯攻，目的就是讓德軍提早投入後備部隊，為下一步的大規模作戰創造條件，這目的就是「衛士」計劃最核心的內容。

按照計劃，這個虛假的情報不能直接讓德軍輕易得到，而是要在遮掩中落入德軍手中。如果德軍很輕易就得到計劃的內容恐怕不會相信，只有讓德軍在經歷了千辛萬苦之

後，透過得到的點滴資訊，經過自己的分析推理得到的情報，他們才會相信，而這正是盟軍真正的目的。盟軍最高司令艾森豪將軍看到計劃後寫下「我喜歡這一切」的批示，隨後派遣最高司令部的欺騙專家「特殊手段委員會」主任美國陸軍上校懷爾德全力協助貝文。

貝文為了分散德軍注意力，在南歐實施了「齊柏林」計劃。計劃的內容是在1944年初，德國已經預感到在同羅馬尼亞和匈牙利的戰鬥中即將勝利，羅馬尼亞和匈牙利政府派出特使與英、美接觸探討投降的相關事宜。

在貝文的操縱下，英國廣播、報紙卻把這個消息無意間透露給了德國軍方。德國不能縱容南歐出現這樣的事情，於是決定出兵匈牙利。但是當時德國在東線蘇聯戰場上戰況緊張，在南翼義大利的安齊奧海灘激戰中也沒有多餘的兵力，最後只能從法國派出3個裝甲師和一個步兵師，在1944年3月19日侵占匈牙利。就這樣，德國雖然透過一系列的手段震懾住了南歐的各個國家，但是卻在法國失去了4個師的精銳部隊。

在北歐，貝文訪問蘇聯，與蘇聯情報機關聯手製造了攻打挪威和瑞典的種種假象。英國在蘇格蘭愛丁堡建立了虛擬的第四集團軍群司令部。這個虛假的司令部與類似的設置在蘇聯的其他虛假司令部頻繁的進行無線電聯繫，這讓德軍透過無線偵聽和定位技術很快推測出了假司令部的位置。德軍派出飛機對這些位置進行了有計劃的轟炸。貝文

還命令英軍對駐蘇格蘭的部隊下發了極地地區發動機保養手冊，補充滑雪板等嚴寒地區裝備，還進行了大規模的滑雪訓練，這些都是要給德軍造成盟軍打算在北歐作戰的假象。

在蘇德戰場上，蘇聯軍隊對整個計劃積極地配合，在1944年6月之前，蘇軍對德軍沒有發動任何新的攻勢，只是頻繁地調動部隊，在諾曼地登陸之後，一連發動了卡累利阿、白俄羅斯、烏克蘭三次大規模的戰役，有效地牽制了德軍的戰鬥力量。

為了讓「衛士」計劃順利的進行，讓德軍相信登陸諾曼第只不過是一次虛假的攻擊，貝文設計了幾十項附屬的計劃，其中就包括了著名的「銅頭蛇」計劃。

計劃始於1944年3月。一天早上，英國皇家陸軍軍餉部中尉克利夫頓·詹姆斯接到電話，對方說：「你是詹姆斯中尉嗎？我是陸軍電影局的尼本中校，我們正要拍攝一部電影，如果你有興趣，我想請你當該片的男主角。」詹姆斯原本是一個有著二十多年演藝經歷的電影演員，因為戰爭的爆發才放棄了自己心愛的演藝事業加入了保家衛國的戰鬥行列，這一次的機會讓他幾乎欣喜若狂。

幾天之後，詹姆斯來到了倫敦。尼本中尉熱情地接待了他並向他介紹了利斯塔中校。利斯塔中校對詹姆斯說：「我在陸軍情報部工作，很抱歉，可能會使你失望，我們並不是要你來當什麼電影明星，我們決定要你做一項重要的工作，它會使整個世界為之震動，當然是在事情做完之後。從

現在起，直到結束，我們都要共同為此嚴守祕密。我們選中了你扮演蒙哥馬利將軍，你將作為將軍的替身出訪各地。」

這一切都是源於英國特種戰委員會的副主任傑維斯·里德中校看到了3月14日的報紙。報紙上詹姆斯曾在倫敦劇院拍攝的一張海報，讓里德發現他和蒙哥馬利將軍是如此的相像。看到這張照片之後里德就設計了一個巧妙的騙局，讓詹姆斯扮演蒙哥馬利將軍，故意讓敵人拿到一些線索，證明蒙哥馬利將軍已經離開了英國本土，到直布羅陀和阿爾及爾去視察了。這個計劃恰好與貝文的一個設想不謀而合，再加上上天賜予的演員詹姆斯，英國倫敦監督處決定馬上實施這個計劃。

詹姆斯既興奮又緊張，因為他知道此次演出不僅涉及到他個人的安危，同時也關乎到登陸作戰是否成功的大局。按照計劃，詹姆斯將冒充英軍總司令蒙哥馬利，在英國情報機關的導演下，前往直布羅陀和阿爾及爾進行一次「巡視」。德軍方面認為，盟軍登陸的指揮官非蒙哥馬利莫屬，如果他不在英國本土，那就說明盟軍不會發動登陸作戰。

在此之後的一段時間，詹姆斯開始了他的模仿訓練生活，他模仿著蒙哥馬利的一舉一動，從舉手投足到行走坐臥。為了使他更快的「入戲」，里德還特意安排他以軍士的身分到蒙哥馬利身邊工作了數日。

里德跟他說：「你要真正進入角色，想想自己不是在為英國觀眾演戲，而是萬惡的敵人面前的真正統帥，這樣你

就不會緊張了，才能形神兼備，無懈可擊。要記住，你周圍的觀眾中就有德國間諜，你必須要欺騙得了蒙哥馬利將軍身邊的人，這是你對自己的扮演是否成功的唯一檢驗標準。」經過幾天的訓練，詹姆斯迅速融入角色，把蒙哥馬利將軍模仿的惟妙惟肖，甚至連說話的腔調和生活習性都模仿的十分到位。

在訓練的最後階段，蒙哥馬利將軍親自與詹姆斯碰面交談，結果兩個人除了手指的數目相差一個之外幾乎完全一樣（克利夫頓·詹姆斯於第一次世界大戰時失去了一根手指），蒙哥馬利也對自己的這個扮演者十分滿意。

1944年5月25日夜，詹姆斯的演出正式開始了。他穿戴好了蒙哥馬利將軍的野戰軍服，戴上綴著將軍和裝甲兵兩個帽徽的貝雷帽來到諾斯霍爾特機場。在大家面前神態自諾的登上了專機，一切都進行的很順利。在送行者中，有不少人都是蒙哥馬利的密友，但是卻沒有一個人發現任何虛假的端倪。其中一個和將軍十分親近的官員和身邊的人說：「他看起來還很健壯，只是有點倦容，看來最近這段時間他實在是太累了。」

看似順利的一切也出現了意外，一向嗜酒如命的詹姆斯在飛機前往直布羅陀的路上酒性大發，偷偷地喝了半瓶杜松子酒，等到護衛發現他的時候他已經左搖右擺了。還有兩個小時就到達直布羅陀了，蒙哥馬利將軍向來討厭菸酒，如果詹姆斯不能及時清醒，那整個的計劃就會功虧一簣。

隨行人員緊急對詹姆斯進行了醒酒措施——把他強制的浸泡在冷水中。當詹姆斯清醒之後意識到了事情的嚴重性，於是馬上重整妝容，繼續表演。

隨後的演出都非常順利。5月26日，當飛機降落在直布羅陀的機場之後，詹姆斯緩緩走下飛機與等候的官員們一一握手。在場人員當中混雜著很多德國的間諜，詹姆斯故意讓他們看清自己，然後驅車前往總督府。

之後，詹姆斯又按照事先商定好的計劃在散步的時候和總督伊斯特伍德談論了英國最近制定的「303」作戰計劃。這一切都被在暗中跟蹤的德國間諜聽在耳中，並且立刻報告給了柏林方面。

當天晚上，詹姆斯返回機場，為了讓更多人看到告別的場面，伊斯特伍德特意安排飛機出現了小小的故障，並且讓詹姆斯設法丟掉了一條他事先就準備好，繡有蒙哥馬利名字縮寫字母的手帕。

下一站是阿爾及爾，在詹姆斯到達機場之後受到了更為隆重的歡迎，英國駐非洲部隊的威爾遜將軍以及部下專程到機場迎接。根據情報，在歡迎的隊伍中，有三個間諜，其中兩個是受雇於德國情報機構的義大利人，另一個則是背景不明的法軍少校。這位少校是一週前以法國情報官員的身分出現在阿爾及爾的，他自稱非常崇拜蒙哥馬利將軍，所以一定要親眼見見將軍。

「銅頭蛇」計劃順利的結束了，詹姆斯又變回了真正的

自己，英國情報部門對他的演出給予了非常高的評價。這場好戲讓德軍真的以為蒙哥馬利將軍不在英國，也為盟軍在歐洲的登陸提供了有力的保障。

在「銅頭蛇」計劃之外，貝文還設計了很多優秀的欺騙計劃，這其中還包括虛構的部隊「美國第一集團軍」。在計劃中，「美國第一集團軍」駐紮在英國的多佛地區，出任司令官的是讓德軍膽寒的美國喬治‧巴頓將軍。

為了讓德軍在盟軍登陸諾曼第之後希特勒不敢輕易從加萊撤軍增援諾曼第，貝文帶領英國倫敦監督處親自指揮實施了這一系列的情報欺騙計劃。

首先，貝文建立模擬無線電網，以便讓德軍的無線電偵察部隊偵聽獲取相關情報，然後透過雙面間諜向德國情報機構發送相關的虛假情報，這兩項工作就是貝文的「水銀」計劃。

為了萬無一失，貝文組織了三百多名報務員偽裝成集團軍、師、團、營之間無線電通信，嚴格按照同級別單位的日常通信量進行聯絡，並在多佛地區設立假司令部，使用大功率電台與各下屬部隊聯繫，甚至真正的登陸部隊，第二集團軍群司令部的部分命令也透過電話傳遞到多佛的假司令部，再由假司令部的電台發出去。

這些無線電通信的組網方式、呼號組成、頻率使用的方式方法、通信聯絡時間的使用規律、通信聯絡的程式、改變頻率和約定聯絡時間、電台代號、通信聯絡使用的機器、

報務員、所發電報的外形特點以及通信結束時的關閉機器的動作，與真正的英美戰鬥部隊無線電通信一模一樣。

就這樣，德軍的無線電偵查單位透過偵查、側向、報務分析以及密碼破譯等手段，逐步把這些部隊的隸屬關係、番號、代號，各部隊的分布、部署情況、戰鬥勢力、主管人員的名字，以及作戰任務等情況，都弄得「一清二楚」。

在此基礎上，盟軍在英格蘭東南部地區還修建了軍營、倉庫、公路、輸油管線。好萊塢的道具師還特地為這次計劃設置了假的物資囤積處、機場、飛機、坦克、大炮，還在河面上製做出軍艦航行的油蹟、坦克在公路上留下的履帶印。

這一切，都讓德軍造成了盟軍已經在英格蘭東南集結了約40個師組成第一集團軍的假象。這一次，貝文讓巴頓將軍扮演了第一集團軍的司令，1944年1月26日，巴頓到達英格蘭東南地區視察部隊，會見當地官員，拜訪各界名流。

1944年4月，巴頓在一個俱樂部開幕儀式上講話：「戰爭結束後，英國、美國和蘇聯要統治世界……」但是在報紙上的報導，卻少了「蘇聯」，這明顯也是貝文的一個策略。

「水銀」計劃讓德軍相信了盟軍在歐洲的登陸處是加萊，甚至在盟軍成功登陸諾曼第之後，希特勒還是堅信由巴頓將軍率領的「美國第一集團軍」依然會攻擊加萊海岸。於此對應的，貝文還如法炮製了另一支虛構的部隊「英國第四集團軍」，這支部隊駐紮在蘇格蘭，其目的是把希特勒部署在丹麥、挪威和芬蘭的主力作戰部隊共27個師38萬

人牽制在斯堪的納維亞半島上。

　　為了讓德軍對盟軍即將在加萊登陸深信不疑，盟軍還設計了很多精妙的騙局。「衛士」計劃中，英國還組織過一次異常狡詐，甚至可以說十分殘忍的行動。

　　1943年7月法國北部，隸屬於英國特別行動處的代號為「繁榮」的抵抗運動小組，因為亨利‧德里古的告密而被德國蓋世太保破獲。數十名抵抗運動成員被捕，這其中也包括負責人法蘭西斯‧蘇蒂爾。

　　因為報務員的收發指令就像人的筆跡一樣非常難以取代，所以蓋世太保威脅被捕的報務員繼續與英國總部保持聯絡。報務員按照事先約定好的規則向總部發出了警告，總部接到警告之後，便知道電台已經受到了德國人的控制。但是在接到警報之後總部仍然保持著聯絡，而且按照德國的要求空投了大量的武器、爆炸器材、通信器材、活動經費和新的特工。

　　這些物資和特工很自然的都落到了蓋世太保的手裡。蓋世太保對待敵人的手段是眾所周知的，他們的私刑也是常人無法忍受的。英國以往被派出的特工身上都攜帶著劇毒藥品，這些藥品將在他們被捕之後發揮作用，因為被捕之後，特工們很有可能遭受到各式各樣的刑求，其痛苦程度非常巨大，這時候自殺就成為了最簡便的解除痛苦和保護資訊的方法。梵蒂岡的羅馬教皇，還專門為這些因為無法忍受蓋世太保私刑而自盡的基督教徒們頒布了特赦，赦免

他們的自殺是沒有罪過的。

但是「繁榮」抵抗小組的骨幹成員和後來空投的特工們卻肩負著特殊的使命，他們攜帶的藥丸都是無毒的。他們在被捕之後沒有辦法結束自己的生命，面對種種酷刑他們只有忍耐，然後在求死無門的狀態下供出自己的任務：襲擊德軍在加萊的指揮部、通信中樞、岸炮以及供電系統，配合盟軍的登陸。

作為蓋世太保的刑訊人員，他們都深知這些刑法的恐怖和痛苦程度，所以對於在如此恐怖的私刑之下得出的結論深信不疑。因為這些口供都是在多次私刑逼供之後才得到的，也就是說，盟軍最後的登陸位置就在加萊。

實際上，德里古是一名盟軍的間諜，他是根據倫敦監督處的絕密指令以及方法獲得了蓋世太保的信任，進而打入了德國情報機關。但是讓蓋世太保意想不到的是，英國情報機關竟然用這麼殘忍的手段，用價值數十萬美元的武器裝備和數十名忠貞部屬的生命作為代價，而這些僅僅是為了給德軍提供一項假情報。這些沒沒無聞的特工，就這樣光榮的完成了任務，也犧牲在了自己的戰場上。他們用自己的犧牲換取了整個戰鬥的勝利，也挽救了無數的生命。

戰爭結束之前，英國情報部門曾派人專門去尋找這批特工的下落，並為他們之中的一些人追授勳章，以表彰他們在異常危險的情況下，為民族做出的巨大犧牲。

德國雖然一直在二戰的戰場上呼風喚雨，但是這一次卻

栽在了盟軍手中，希特勒一直引以為豪的「大西洋壁壘」也沒能抵擋住盟軍瘋狂的反擊。

6月6日凌晨2點左右，駐守在巴黎的德軍總司令部接到報告說，可能會有美軍實施登陸，而且看起來像是一場大規模的行動。但是總司令龍德施泰特卻認為這只不過是盟軍聲東擊西的手段，所以沒特別在意。緊接著，西線德國海軍部隊再一次向總部發去報告：據海岸雷達報告，螢光屏上出現大量黑點，一支龐大的艦隊正在向諾曼第海岸前進。面對這樣的報告，德國西線的參謀長卻說：「什麼！在這樣的天氣裡？一定是你們的技術員弄錯了！也許是一群海鷗吧？」後來他終於在看清了局勢之後，請求希特勒發動兩個裝甲師去迎戰盟軍，但是希特勒卻禁止他動用這支戰略預備隊。到了這個關鍵的時刻，希特勒還是堅持認為這只是牽制性的佯攻，盟軍的大部隊一定會在加萊登陸。

6月7日，盟軍在諾曼第的幾個灘頭已經連接成一條戰線，後續部隊也源源不斷地駛來，軍需物資不斷地增加，這些都是在保證登陸作戰的最後成功。

6月10日，美國陸軍總參謀長馬歇爾上校來到倫敦，和最高司令部、倫敦監督處的人員一起關注著戰場的動態。大家正在討論著是否需要轟炸塞納河上所有的橋梁，包括巴黎市內的橋梁，以阻止德軍的增援部隊。機要祕書這時送來了「超級機密」剛剛收到的消息：希特勒命令第十五軍返回加萊，西歐其他地區的德軍火速增援加萊。聽到消

息之後,在場的所有人都有了一種如釋重負的感覺,很顯然貝文的欺騙手段成功了。雖然諾曼地登陸戰還沒有結束,但是戰場上的局勢卻已經有了明顯的傾向,盟軍的登陸作戰勝利在望了。

8月19日,盟軍占領了塞納河西岸的芒特,就在這一天,巴黎人民舉行了武裝起義,解放了自己的首都。8月25日,法國第2裝甲師從巴黎南門和西門進入市中心,當天下午,法國勒克雷爾將軍奉命接受駐巴黎德軍投降。

巴黎解放了,這也意味著諾曼地登陸戰役真正的結束了,它不但為開闢歐洲第二戰場奠定了基礎,也加速了法西斯的滅亡。

月光奏鳴曲行動

1940年11月14日凌晨，籠罩在皎潔月光下的考文垂城隨著德軍「月光奏鳴曲」行動的開始陷入了一片戰火之中。晚上7時5分考文垂的空襲警報驟響，員警、醫院、消防隊和民防隊聽到空襲警報的第一時間就開始行動。這次突如其來的天災讓考文垂一下子陷入了恐慌，全體工作人員開始採取各種防禦措施。

一次巨大的災難，讓考文垂的居民命懸一線，然而在其背後，邱吉爾及英國政府卻早就得到了「月光奏鳴曲」行動的具體方案。邱吉爾為什麼不事先向考文垂的人民發出警告呢？這其中又有什麼故事呢？這就要從盟軍的祕密武器「超級機密」說起了。

所謂的「超級機密」實際上是一個破譯德軍軍事密碼的途徑，透過它，盟軍可以破解獲知德軍指揮機構發出的大小機密資訊，也正是因為它，盟軍才得以在戰場上取得戰爭的主動權。這個「超級機密」在戰爭結束之後30年才被

公諸於眾，其在歷史上所起到的作用不言而喻。

20世紀30年代，英國情報部門軍情六處的副處長斯圖爾特·孟席斯上校被一個非常棘手的問題所難倒。因為納粹在掌握了德國政權後開始採用了新的外交和軍事密碼，這個密碼的設置和以往所有國家使用的密碼都有所區別。它並不是由數學家設計而成的，而是由一台被稱作「恩尼格碼」的機器編制的。由於人類大腦的侷限性，即便再厲害的數學家也無法擁有破解這組密碼的能力。

1918年2月23日，德國工程師亞瑟·謝爾比烏斯申請了他設計的一種使用轉子的密碼機的專利，他給自己所發明的這款編碼機械取名「恩尼格碼」（ENIGMA，意為啞謎）並和理查·里特組建了謝爾比烏斯和里特公司。二十世紀20年代，「恩尼格碼」開始在日漸激烈的商業競爭中發揮作用，但是並沒有掀起太大波瀾。相反的，德國人在將其改裝成軍用加密機器之後，卻使之在戰爭中發揮了淋漓盡致的作用。

1926年，德國海軍開始使用「恩尼格碼」，在瞭解到其高效的加密性能之後，德國陸軍也在1928年開始將它投入使用。1933年，德國最高統帥部通信總長埃里希·福爾吉貝爾上校決定，將「恩尼格碼」設置為德國國防軍新式閃電戰術最高的通信裝置。

至此，德國最高統帥部與其下屬各軍、師地面部隊，以及同空軍、海軍、黨衛軍及其他國家機構之間的祕密通信

都用「恩尼格碼」進行加密。

「恩尼格碼」的優勢在於可以透過改變線路產生45.6萬多個祕表字母組合，並且在這個基礎上，還可以透過調整機器上的轉子讓這些數位組合增大到更大的天文數字。這台從外型上看就像老式辦公室印表機的「恩尼格碼」竟然有如此強大的功能，它在戰場上發揮的功能甚至超過了任何一個士兵或者將領。當資訊的發出方和接收方擁有了同一個祕鑰，就可以透過機器輕鬆地進行祕密地溝通，但是如果想在不知道祕鑰的情況下就破解密碼，那就需要進行3×10^{12}的嘗試。

「恩尼格碼」的保密機制如此的嚴密，在戰爭中每一個機密檔又十分的重要，甚至對整個戰鬥都有著至關重要的作用。那麼破譯德國軍方的密碼就成了盟軍當務之急的事情，並且即便透過手段得到了「恩尼格碼」，德軍也可以透過轉換機器上的轉子來改變原有的祕鑰。德國和盟軍都清楚軍事檔對於整個戰爭的重要性，所以德軍方面即便擁有了「恩尼格碼」，情報部門還是採取了種種措施防止它落入盟軍手中。

1938年6月，孟席斯上校接到一份報告，報告上面說有一個不願透露自己姓名的猶太人，曾經在柏林製造「恩尼格碼」的祕密工廠當過技術員和理論工程師。被德國人趕出德國之後，他仍舊可以透過回憶複製出「恩尼格碼」。他提出的要求是一萬英鎊的報酬，以及他及全家人的英國

護照和法國居住權。

　　因為當時諜報機構常常被騙子干擾，孟席斯上校剛開始的時候對這個猶太人充滿了疑慮，但是隨著調查而深入，軍情六處最後決定答應他的要求。最終這個猶太人不負眾望，憑藉著自己的記憶複製了一個「恩尼格碼」機器，但非常遺憾的是，一年之後這台被複製的「恩尼格碼」失去了時效性，因為德國人又製造出了更先進，也更為複雜的新一代「恩尼格碼」。

　　英國情報部門的密碼專家們，都在加緊時間試圖破譯新密碼這項不可能完成的任務，就在此時，原本陷入僵局的工做出現了峰迴路轉的機會。原來早就清楚自己將成為德國口中之食的波蘭人，在1927年就開始了對「恩尼格碼」破譯的研究工作。這次他們願意把自己多年潛心研究的成果與英、法同盟分享，以便在未來的戰爭中能夠為大家共同的利益做出自己的貢獻。

　　1937年，波蘭邀請法國和英國軍事情報部門的代表到華沙開會，在會議上，波蘭代表向英、法代表展示了自己多年的研究成果，一部「恩尼格碼」機器。在英、法代表驚訝的表情中，他們又向大家展示自己的另一項研究成果，那是六部被他們稱為「博姆」的裝置。

　　當波蘭人向大家講解了「博姆」的作用是找到「恩尼格碼」的祕鑰時，所有人都既驚訝又驚喜。這台「博姆」機器如果能夠破譯出德國的軍事祕鑰，那它的功勞就是無可

比擬的。

很快的，英國製表機公司根據圖紙製做出第一部「博姆」機器，並且把它很快地投入了瞭解密的工作之中。1940年5月，「博姆」破譯出第一批「恩尼格碼」密碼情報，內容是有關德國空軍人員調動和駐丹麥德軍的補給分配情況。看著被破譯出的情報，大家都激動不已，從此「超級機密」將是盟國在二戰戰場上的一張王牌，邱吉爾也可以將戰爭地主動權牢牢地握在手中。

據統計，德國人在戰爭期間生產了十多萬部「恩尼格碼」機器，從1943年底到1945年5月，盟國破譯的「恩尼格碼」密碼檔就將盡8.4萬條。在二戰歷史上，種種不可能完成的任務被盟軍一一攻破，這都要歸功於「最高機密」。也正是由於「最高機密」對於整個戰爭局勢的重要性，英國情報機構對其採取了一系列的保密措施，甚至在戰前，他們對政府都進行了相關的隱瞞工作。

1940年6月21日，法國新任總統貝當元帥派出的代表查理斯‧亨齊格爾將軍與德國納粹頭領希特勒碰面。在巴黎郊區貢比涅森林的一節火車廂內，亨齊格爾將軍代表法軍在投降書上簽字，承認了法國戰敗的事實。

法國的失敗，立刻讓英國陷入時刻被侵占的危險當中，德國元帥戈林的狂妄和納粹空軍的狂熱，讓希特勒失去了原本就微乎其微的耐性，他忽略了陸軍和海軍的勸諫，一味地要向英國發動全面的侵略戰爭。

　　1940年7月16日，希特勒下令準備對英國本土實施登陸作戰計劃，並將其命名為「海獅行動」。在計劃中，德國將對英國實施兩個階段的行動，第一階段為戰略轟炸和海上封鎖；第二階段為登陸並占領英國本土。

　　從1940年7月開始，希特勒對英國實施了空中打擊，一直到第二年的5月德軍對英國的侵擾一直持續著。8月1日，希特勒下達指令，消滅英國空軍，奪取戰略制空權，準備支持登陸作戰計劃。正在這時，空軍司令戈林卻趾高氣昂地指出，單憑德意志帝國的空軍就可以讓英國投降。希特勒也覺得英國已經在以往的戰爭中元氣大傷，德國想要單憑空軍就制服英國也不是不可能的。

　　如果一旦英國拒不投降，自己還可以透過登陸作戰來占領英國本土。但是在登陸之前，奪取制空權是非常重要的，所以希特勒命令空軍投入2800多架作戰飛機，並將其編成三個航空隊，部署在英國附近。希特勒計劃，透過三個階段就可以占領英國本土，首先攻擊英吉利海峽的英國艦船和英國南部港口，這樣就可以引出英國的戰鬥機；緊接著突擊英國空軍基地和雷達站，這樣就可以殲滅英國空軍的主力部隊；最後全力轟炸倫敦，迫使英國投降。

　　伴隨著希特勒瘋狂計劃的開始，德國空軍開始對英國狂轟濫炸，英國人民也就此陷入了悲慘的境遇。將近15萬英國人在空襲中喪生，被炸毀的房屋也超過了100萬幢。雖然損失慘重，但英國人最終並沒有把制空權讓給德軍，英國

空軍奮力地反擊，最後共擊落了德軍1800多架飛機。

希特勒的目的並沒有達成，但狂妄的德國空軍司令戈林卻計劃在9月15日這一天，德軍空軍將要向英國發動一次毀滅性的空襲，最終的目的就是摧毀英國皇家空軍。如果計劃順利完成，希特勒將入侵英國本土。

英國首相邱吉爾憑藉著「超級機密」獲取了德國人的一切祕密，他對著英國廣播公司的播音器宣稱：「我們必須把接下來的一週看成是歷史上非常重要的時期，這個時期可以和以下幾個時期相提並論：西班牙的無敵艦隊正在迫近海峽，而德雷克正在打他的滾木球戲的時刻；納爾遜的艦隊挺立在我們和駐紮在法國布洛涅的拿破崙大軍之間。」9月15日，邱吉爾一早就趕到了英國皇家空軍戰鬥機指揮所，他心裡清楚，按照目前的局勢，只有把希望寄託在皇家空軍身上。英國皇家空軍戰鬥司令部總司令林‧道丁男爵把在戰爭中剩餘的戰鬥力都分配到了最合理的位置上，將一切能夠利用的作戰裝備都保持在最佳的備戰狀態中，準備著最後的激戰。

德軍和英軍都嚴陣以待，邱吉爾明白，倫敦就是目標，到時候它將遭到1000架次轟炸機和700架次戰鬥機的襲擊。兩軍戰鬥實力的懸殊擺在眼前，邱吉爾雖然擁有「超級機密」將一切了然於胸，但也不免忐忑不安。他只能根據情報做出最有針對性的戰鬥方案，至於戰鬥的結果，就只能聽天由命了。

　　從9月15日下午1點，英國皇家空軍的25個「噴火」式和「颶風」式戰鬥機中隊起飛開始，經過四小時的激戰，最終英國皇家空軍成功擊退了德軍的數次進攻，並沒有讓德軍獲得制空權。德軍看到自己的攻擊並沒有達到原有的目的，於是狗急跳牆，選擇了在夜間對英國各大城市開始進行殘酷的摧毀轟炸。這也使英國本土遭受到了沉重的打擊。

　　1940年11月，英國祕密情報局局長孟席斯透過「超級機密」得到了一份電報譯文，他在第一時間就把這份文件交到了邱吉爾手中。電文的內容是：「奉最高元首希特勒命令，為加強東線戰場的進攻，第二航空隊儘快拆除在荷蘭各個機場的空運設施。」電報是由德國空軍元帥戈林簽發給第二航空隊司令凱塞林元帥的。看著這份不長的電報，邱吉爾長舒了一口氣，看來德國對英國的空襲計劃失敗了。

　　但是作為久經沙場的邱吉爾，他十分清楚，一次計劃的失敗並不代表整個戰爭的結束，瘋狂的希特勒，必定會在轟炸倫敦未果的情況下把目標轉移到其他大城市。因此，他命令孟席斯，英國情報部門不應該放鬆警惕，一定要繼續嚴密關注敵人的動向。

　　希德勒的想法果然如邱吉爾所料，因為空襲倫敦失敗，他決定再次集中空軍的優勢力量襲擊英國的工業城市和人口密集地區，希望用強力的空軍攻擊逼迫英國人屈服。但是最終選擇哪一座城市作為轟炸目標，希特勒始終沒有拿定主意，這恰好也是邱吉爾最關心的問題。

　　考文垂，這座英國的歷史名城最終成為了希特勒的目標，他打算透過這一次空襲來報幾天前英國對德國空襲的一箭之仇——1940年11月8日晚，希特勒為了慶祝「啤酒館暴動」17週年，在慕尼克舉辦了隆重的儀式。當時，英國皇家空軍得知在儀式當天希特勒將帶領主要官員親臨現場，所以決定當日在慕尼克進行一次空襲。

　　結果，希特勒在英國轟炸機到達慕尼克90分鐘前就轉移到了安全的地區，英國的空襲也僅僅造成了一些慕尼克建築的損毀和居民的傷亡。但是希特勒卻一定要還以顏色，並把這次報復性的空襲命名為「月光奏鳴曲」。

　　考文垂的歷史近千年之久，城裡有14世紀建造的聞名世界的聖邁克爾大教堂，還有古樸的聖方濟教堂、聖特里尼蒂教堂、聖瑪利大廳。除了這些代表著英國文明的偉大建築，考文垂還是英國重要的工業城市，英軍最主要的軍火庫就設置在這裡。

　　1940年11月14日下午3點，邱吉爾收到了一份由「超級機密」管道得來的情報。這是一份德國空軍司令戈林簽署的電報，內容是：「遵照最高元帥希特勒的命令，德國第二、第三航空隊於14日晚月光初照之時，出動所有轟炸機襲擊英國重鎮考文垂，行動代號為『月光奏鳴曲』。」另外在希特勒的計劃中，伯明罕和伍爾弗漢普頓也是他的攻擊目標，對這兩座城市的襲擊計劃分別被命名為「雨傘」計劃和「整塊」行動計劃。

　　邱吉爾透過「超級機密」瞭解了希特勒對考文垂襲擊的整個作戰計劃。德軍第3航空聯隊和第100戰鬥群將作為這次襲擊的先遣部隊，他們將在考文垂投放大量的燃燒彈，燒毀城市的同時，也將大火作為轟炸機群尋找目標的標記。

　　接下來，轟炸機將從法國的奧利機場、沙特爾；比利時的布魯塞爾和安特衛普；荷蘭的埃因霍溫、蘇斯特堡、阿姆斯特丹出發，對考文垂進行空中轟炸。在這次瘋狂的報復行動中，德軍將投下約15萬枚燃燒彈、1400枚高爆炸彈和130個降落傘地雷。轟炸機將採用波浪式轟炸戰術交替地向考文垂投放燃燒彈和高爆炸彈。

　　在這個歷史的重要時刻，邱吉爾左右為難。選擇保住歷史悠久的考文垂，德軍就極有可能意識到自己的作戰計劃已經被英國情報部門破獲，「超級機密」也可能在將來的戰爭當中起不到任何作用；如果選擇保護「超級機密」，那麼對英國歷史有重大意義的考文垂城，就會在德軍的轟炸中毀於一旦，考文垂的居民們的生命也會受到威脅。在這種情況下，邱吉爾召開了國家安全委員會議和戰時最高指揮委員會。

　　會議開始之後，大家馬上分成兩個意見相反的派別。一些人全力支援保護考文垂，打擊德軍的空襲計劃；另一些人覺得應該「棄車保帥」，放棄考文垂，保護「超級機密」。兩個派別經過激烈的討論之後還是沒有達成一致的意見，最後只能聽從邱吉爾的決定。

經過良久的思考，邱吉爾決定採取「冷沖」計劃——英國皇家空軍將在德國轟炸機裝滿炸彈、集合起飛的時候進行攻擊，這樣在一定程度上能夠挫敗德軍的計劃。雖然邱吉爾也知道，僅靠這點打擊並不能阻止德軍對考文垂的轟炸，但即便這樣也必須做出嘗試。

如果在考文垂集中高射炮火、探照燈和煙幕防禦，德軍勢必會發覺英國的情報部門已經對「月光奏鳴曲」計劃有所察覺。所以即便當時英國有410門機動高射炮可以使用，但是最後邱吉爾因為考慮到「超級機密」的安全，還是放棄了對考文垂的防禦。

至於那些生活在考文垂城裡的無辜居民，邱吉爾也沒有向他們發出任何警告。因為他知道一旦發出警告，居民們勢必會發生混亂，而戰爭時期的混亂往往比實際轟炸造成的人員傷亡還要嚴重。

經過再三的考慮，邱吉爾最後做出連他自己都不願意的決定：「保護機密是民族的最大利益！為此只能做出最大的民族犧牲，考文垂將一如平日，不設防，不預告，迎接災難的到來！」

11月14日的夜幕降臨了，德軍的「月光奏鳴曲」計劃按部就班的進行著，考文垂的人們在一片火海之中哭喊著來回逃竄。在邱吉爾為了整個民族利益而編制的騙局中，考文垂城中的每個人都做出了犧牲，醫院裡到處都是等待救治的居民。

德軍的燃燒彈如狂風暴雨般席捲了考文垂，「月光奏鳴曲」繼續進行著，聖邁克爾大教堂被摧毀了、聖特里尼蒂教堂也難逃厄運，據襲擊之後的資料統計，被摧毀的房屋總計50749所，12個和飛機生產有關的工廠和其他9個工廠都遭到了嚴重損毀。空襲讓將盡200個煤氣管道破裂，輸電線、自來水管道、汙水處理系統和變電設施的損毀也不計其數。約有500家商店都遭到了破壞，將盡400人受到不同程度的傷害。

德軍的空襲持續了10個小時，這也被當時的記者稱作「空戰史上最大規模的襲擊」。還有的記者在報導中寫到：「大地好像崩裂了，大量熔岩噴向空中……在返航途中，遠遠望去，1000米高的的煙雲泛著火光，像一個燈塔一樣照得漫天通紅。」

由此在歷史上，考文垂被稱作「殉難的城市」，為了保全大局，這個城市付出了慘重的犧牲。一場騙局落下了帷幕，但是對於整個二戰的勝利，它卻做出了傑出的貢獻，歷史證明，考文垂的犧牲是值得的。

肉餡計劃

1939年9月1日，法西斯德國在幾天之內覆滅波蘭，又在次年5月奪取西歐，燃起了人類歷史上規模最大、死傷最多的第二次世界大戰。

1943年，盟軍已經在北非奪取了勝利，正積極準備對歐洲大陸進行反擊。而此刻擺在盟軍眼前的有2個登陸地點，盟軍可以從法國西部進行登陸，也可以從義大利南部開始作戰。權衡再三，盟軍決定先對義大利施壓，而要對義大利動兵，最佳的進攻目標，當屬地中海上的西西里島。

義大利的地域形狀就像是1只靴子，而位於義大利西南方的西西里島，就如同其靴尖，飄浮在波濤洶湧的地中海上。西西里島和東側的亞平寧半島之間只有1條3千米寬的墨西拿海峽，可以說西西里島是地中海運輸的咽喉要道。

由於它地處要衝，戰略地位十分重要。德國和義大利為了保障這座小島的安全，在這座面積僅25000平方千米的小島上投入了36萬的兵力，除了這13個主力師的兵力，他們

還在島上修築了10個飛機場以供超過1400架的飛機使用。儘管德國和義大利在西西里島上派遣重兵把守，但盟軍依然對該島志在必得。因為如果盟軍能夠攻占西西里島，那麼就可以讓他們在地中海的運輸線更為安全，並且在分散德國對蘇聯前線的壓力同時，可以增強對義大利的壓力。

既然盟軍已經下定了攻占西西里島的決心，那麼在攻占這座小島的同時讓付出的代價降到最低，就已經成為了盟軍統帥部參謀們需要解決的首要問題。為了達到盟軍輕鬆奪下西西里島的目的，就必須想辦法削弱德國人在島上的軍力，並且還要保證登陸戰役的突然性。

然而不幸的是，西西里島的重要性是無庸置疑的，因此無論是同盟國還是軸心國都認識到，盟軍如果想要登陸義大利本土，就勢必要透過西西里島這個天然跳板。

那麼，為了保證這次登陸戰役的突然性，就需要欺騙敵人，並使敵人相信同盟國準備從除了西西里島之外的其他地方進攻，可以說，如何成功欺騙敵人已經成為了這場戰役的關鍵。

盟軍聯合作戰參謀部希望能讓德國和義大利，主動將駐紮在西西里島上的兵力分散到其他的地方，而這其他的地方的最佳地點則是希臘或者薩丁島，因為這兩處同樣都具有極其重要的戰略意義，如果盟軍攻占希臘，那麼希臘就將成為進攻巴爾幹半島的跳板；而盟軍若是攻占薩丁島，更是會直接威脅已經在德國人控制之下的法國。

　　但是想騙倒以嚴謹出名的德國人可不是容易的事情，更何況盟軍需要掩飾任何人都重視的西西里島。經過一系列緊張的討論，最終，盟軍聯合作戰參謀部在參謀們竭盡心思所想出的方案中，選中了英國軍情六處查理斯·查姆利中尉的方案，該方案名為「肉餡」計劃，是一個看似簡單，但執行起來很複雜的欺騙行動。盟軍需要先從倫敦的某家醫院購買1具屍體，然後讓他穿上軍銜適當的英國軍官的制服，再對他的肺裡灌滿水，造成自然溺亡的假象，隨後把暗示盟軍要在希臘或者薩丁島登陸的檔案放入他貼身的衣服口袋內。最後用飛機將屍體扔在一個合適的地點，借助潮水的力量把這具屍體沖上敵人的海灘……」

　　這個計劃聽起來簡單，但是英國人想要實施「肉餡」計劃卻不是容易的事情，因為德國人一向多疑嚴謹，而且當時戰事緊張，在這個敏感的時間內，如果有具帶著絕密情報的英國軍官屍體輕易落到他們的手中，這種情況出現的機率可以說非常低，因此「肉餡」計劃在實施的時候，很容易引起德國人的懷疑。

　　為了完善行動方案，英國海軍情報局的埃文·蒙塔古少校和查理斯·查姆利中尉共同商討這個計劃的細節。他們設法讓德國人相信，因為空難，導致1名攜帶著絕密檔案的情報官墜海身亡，屍體被大海帶到德國的潛在盟友西班牙的海域，再讓德國人透過各種手段從西班牙人手中獲得這具屍體所攜帶的所有物品，這些步驟如果能夠完美展開，

那麼一定可以加強這份情報的可信度。

計劃馬上獲得了高層的認可。首先，埃文·蒙塔古從聖潘克拉斯醫院的驗屍官本特利·帕切斯那裡獲得了1具34歲的男性屍體，這個人叫做格林杜爾·邁克爾，在雙親過世後成為了戰爭期間眾多乞丐的一份子。

1943年1月26日，這名乞丐不幸誤服老鼠藥，而被人發現倒臥在國王十字車站附近的倉庫內，隨後人們將其送到了聖潘克拉斯醫院。2天後，醫院宣告格林杜爾死亡。後來埃文聲稱他得到了死者親屬的同意，條件是「永不公布屍體的身分」。其實這只是出於照顧公眾情緒而說的謊言，在戰爭期間，又有誰會去關心一個無親無故的流浪漢呢？

找到了合適的屍體後，埃文又憑空捏造了一個身分，格林杜爾就此成為了英國皇家海軍的「威廉·馬丁」少校。「威廉·馬丁」的身材和查理斯·查姆利中尉相仿，因此這位情報部門的中尉換上了少校的衣服，幾個月後，他們才為這具被冷凍起來的屍體換上了符合他身分的少校軍服。

而且為了應付德國人可能進行的所有調查，埃文偽造了「威廉·馬丁」的出生地和出生日期證明，他的身分證號是148228，「威廉·馬丁」就這樣被設計出來了，他的習慣、愛好、生活的各種小細節都是那麼真實。「威廉·馬丁」被描述成是一個聰明能幹，喜愛社交和喜劇的英國小夥子，美中不足的是他生活奢侈，時常需要父親接濟，而他的父親則是一個古板守舊的典型英國老派紳士。

英國情報官在「威廉・馬丁」少校的口袋裡放進了各種能夠證明他身分和性格的東西，包括來自銀行經理歐尼斯特的催款信件、他的父親「約翰・馬丁」的來信、購買襯衣的帳單、1個銀質十字架、1串鑰匙、少量鈔票、香菸、筆記本、用過的車票以及2張英國倫敦皇家劇院的戲票存根。

有關「威廉・馬丁」少校的細節越來越多，越來越完善，「威廉・馬丁」少校才華橫溢，在他隨身攜帶的2封信件中，有一封是英國皇家海軍元帥路易士・蒙巴頓將軍寫給地中海戰區盟軍海軍司令安德魯・坎寧安的信，信中稱讚「威廉・馬丁」少校「是應用登陸艇的專家，是不可多得的人才」，並「懇請一旦攻擊結束，就立即把他還給我」。

此時，這位「威廉・馬丁少校」還需要一些浪漫的愛情。埃文開始在情報部中物色年輕貌美的女性，最後，他選中了英國軍情五處的祕書簡・萊斯利。因為她曾在不久前拍攝了1張連身泳衣的照片，這張照片後來成為了「威廉・馬丁」少校貼身收藏的珍寶。

除了相片，他們還為「威廉・馬丁」少校提供了一封纏綿悱惻的情書，該情書出自簡・萊斯利的部門領導郝絲特・勒吉特之手。就這樣，英國軍情5處的美麗祕書和一直單身的老婦人共同造就了「威廉・馬丁」的未婚妻——漂亮、輕佻又有點傻氣的帕姆小姐。直到最後，連知道內情的英國情報人員都覺得「威廉・馬丁」少校似乎真的曾經存在過，他們真實地創造了一個完全可信，沒有任何破綻的人。

　　「肉餡」已經準備好了，接下來便是如何讓這個「肉餡」具有吸引德國情報部門的魅力了。直接把盟軍將要登陸撒丁島或者希臘的作戰計劃書放入公事包，這種做法顯然不可取，如果埃文他們這麼做了，這種生硬的做法一定會引起德國人的懷疑。

　　埃文和有關人員費盡心思設計出了2封信，除了英國皇家海軍元帥路易士‧蒙巴頓的那封外，另一封是英國參謀部副參謀長阿奇博爾德‧奈爵士寫給哈樂德‧亞歷山大將軍的；這2封信的內容很平常，並沒有明確提到盟軍將在希臘或者薩丁島登陸，但在字裡行間卻暗示出盟軍的「作戰方向」。

　　例如在路易士‧蒙巴頓的信中，除了誇「威廉‧馬丁」少校是登陸戰的行家之外，還請求在「威廉‧馬丁」少校完成任務回來後，「給我帶一些新鮮的沙丁魚來，因為沙丁魚在英國是配給的」，而沙丁魚是薩丁島的著名特產，這些疑點能夠讓德國人從信中解讀出英國人對薩丁島的企圖。

　　「肉餡」計劃全部準備工作完成之後，埃文卻沒了信心。如果德國人拆穿了這個謊言，那一切就全泡湯了，德國人會立即明白盟軍的真正意圖。

　　於是「肉餡」計劃的整個方案被提交給英國首相邱吉爾，邱吉爾看後認為這個計劃非常完美，而且他認為即使計劃失敗，也不會對盟軍的行動帶來實際的損害，因為「除了傻瓜誰都知道是西西里」。

　　一切準備就緒後，英國皇家海軍的「六翼天使」號潛艇被選中實施「肉餡」計劃。該潛艇曾參加過盟軍在北非登陸的「火炬」行動。之所以選中「六翼天使」號潛艇來實施「肉餡」計劃，是因為該潛艇艇長諾曼・朱厄爾不僅有豐富的作戰經驗，而且還曾多次執行情報任務，除此之外，他的忠誠也是無庸置疑的。

　　1943年4月19日，「六翼天使」號潛艇從蘇格蘭格里諾克軍港祕密啟航，除了諾曼・朱厄爾艇長之外，其他的官兵都不知道這次任務的具體情況。「六翼天使」潛艇在行駛了11天後，在4月30日凌晨來到了西班牙附近海域。

　　隨後，諾曼命令將潛艇浮上海面，之後將潛艇中非輪值的水兵全部反鎖在艙裡，只留4名軍官在自己身邊，他告訴軍官們，接下來所執行的任務屬於高度機密，在完成任務之後所有人必須把發生過的一切都忘記。

　　接著，命令軍官們把一個密封的鋁製圓筒抬上甲板，從滿是乾冰的圓筒中抬出1具身穿英國少校軍裝的屍體，屍體身穿救生衣，在他的腰帶上有一個用鐵鍊鎖住的公事包，諾曼不顧軍官們驚異的目光，命令他們將屍體推入了大海。

　　看著「威廉・馬丁」少校被漲潮的潮水推向西班牙海岸，諾曼知道自己的使命完成了，他沒有任何耽擱，立即下令返航。

　　幾個小時後，一艘正在西班牙南部的韋爾瓦河口加的斯灣附近捕魚的漁船，發現有一具屍體漂浮在海面上，漁民

們將這具屍體帶上岸，並發現死者身著英國少校軍裝。

隨後，漁民們通知了西班牙的海軍，而西班牙海軍將這具屍體送到了位於華爾斯的醫院進行解剖，法醫發現這名死者的肺部有少量的海水，而且根據屍體腐爛的程度進行判斷，這具屍體很可能已經漂浮在海上4到5天了，因此法醫認為死者是在海中溺死的。

透過檢查死者隨身攜帶的證件，可以證明這個人是英國皇家海軍的「威廉・馬丁」少校，在他隨身的物品中，有一個公事包被鐵鍊拴在了他的腰帶上，這個公事包裡面放著一個用火漆封口的信封。

雖然西班牙的佛朗哥政權在第二次世界大戰保持中立的假象，但實際上所有的人都知道弗朗哥政權一直都在暗中支持德國。當時這名英國少校身上這封沒有署名的信，引起了西班牙安全局的注意。於是，「威廉・馬丁」少校的屍體及一切相關物品，都從西班牙海軍部轉交到了西班牙安全局手中。

當時那封信的封口處膠水已經被海水泡掉，所以西班牙安全局的特工小心地擠壓信封，在信封的一側弄出一個縫隙，然後用一個帶鉤的金屬條，塞進縫隙中鉤住信紙的一邊，再轉動金屬條，將仍然潮濕的信紙卷成條狀，將其從縫隙中拖了出來。

經過確認，這封信是英國參謀部副參謀長阿奇博爾德・奈爵士寫給當時駐突尼斯的哈樂德・亞歷山大將軍的一封

密函。信中透露了美國和英國試圖從北非派兵穿越地中海，在歐洲某處實施登陸作戰、開闢新戰場的計劃。

信件很快便落到了德國間諜的手中，西班牙人給了他們1個小時的時間來研究這封密函。在德國大使館的地下室中，德國間諜對「威廉·馬丁」少校身上，包括這封信函在內的所有物品進行了拍照。拍攝完後，西班牙特工又用之前的方法將密函放回信封，然後用鹽水將信封浸泡了24小時，進而令其恢復為發現時的原狀。完成整個過程的時間很短。西班牙人將屍體打撈上岸，隨後偷拍信件，再將信件放回信封中，這一共只用了2天。

一切安排妥當之後，西班牙政府才通知英國駐西班牙大使關於這具屍體的事情。英國駐西班牙大使撒母耳·霍爾爵士在接到通知後，就馬上要求西班牙政府交還屍體以及與之相關的一切物品。西班牙也十分配合，很快就將屍體和隨身攜帶的所有物品都交給了英國大使館。不久，英國大使館為「威廉·馬丁」少校舉行了隆重的葬禮，「威廉·馬丁」少校的未婚妻也從英國寄來了花圈和一份悲痛欲絕的悼詞，一向做事嚴謹的德國人將這一切都用相機拍了下來，甚至連「威廉·馬丁」少校墓碑上的銘文都沒有漏掉。這些照片被送往了柏林。

與此同時，撒母耳·霍爾爵士派專人將「威廉·馬丁」少校隨身攜帶的文件送回了英國。檔案則被直接送到埃文手中，他迫不及待地請技術人員對檔案進行鑑定。技術人

員鑑定後得出的結論是：雖然信封和印鑑表面上完好如初，但實際已經被人用技術方法拆開過了。聽到這個結論，埃文面無表情地轉身離去。數小時後，正在華盛頓訪問的英國首相邱吉爾接到了埃文的專線電話：「肉餡已經送到了。」

德國軍事諜報局在西班牙的負責人卡爾埃·里希少校得到「威廉·馬丁」少校身上的情報後欣喜若狂，因為卡爾埃·里希有猶太血統，所以常常受到同僚的歧視和排擠，因此他抓住一切機會來顯示自己的能力，用來證明自己的忠誠和能幹，在這種心態下，他往往不自覺地將獲得的情報誇大，以此來鞏固自己的地位。當卡爾埃里希得到「威廉·馬丁」少校身上的文件後，他迫不及待地將情報發往柏林為自己邀功，而且力證情報的真實性。

不過，德國情報機構中仍然有人對此表示懷疑的態度，因為這份絕密情報並非由德國間諜獲得的，而是以如此詭異的方式主動送上門來，這不得不讓人心存疑慮。

向來與德國軍事諜報局局長威廉·弗蘭茨·卡納里斯不合的中央保安局局長恩斯特·卡爾登勃魯納更是借機發難，嘲笑諜報局的情報網絡出了問題，竟然用這種毫無根據的東西冒充情報邀功請賞，這種情報除了攪亂己方的戰略安排之外沒有任何實際作用。

這時，德國軍事諜報局局長卡納里斯的態度就顯得十分重要了。卡納里斯是納粹元老，曾為希特勒順利登上總理寶座立下汗馬功勞，後來他更是組建了遍布歐洲、亞洲和

非洲的德國情報網絡，但第二次世界大戰爆發後，卡納里斯的態度卻發生了改變。他認為希特勒發動的戰爭將會把德國推向滅亡，因此他實際上是德國內部反對希特勒的重要力量之一。

由於有著這種傾向，卡納里斯往往會在關鍵時候，對同盟國的情報人員網開一面。同盟國的情報機構對他這種暗中示好的舉動也隱隱有所覺察，英國的情報機構在制定「肉餡」計劃之初就明白，這個計劃最關鍵的一環其實是卡納里斯的態度，如果這位「法西斯德國間諜之王」忠於希特勒，那麼他就會發動手下無孔不入的間諜進行深入調查，這個計劃恐怕就很難奏效；但是如果他真的傾向盟國，並不對「肉餡」計劃做深入調查的話，「肉餡」計劃成功的可能性就會大大增加。幸運的是，英國人賭贏了，卡納里斯果真親自出面肯定了這份情報的真實性。

但是，蓋世太保方面依然認為這是一份不折不扣，用來迷惑德國的假情報，甚至因此對卡納里斯都產生了懷疑，但最終希特勒還是選擇了相信了這份情報。當時德國已經處於被動，希特勒不願將德國內部的矛盾表面化，而且德國在國外的情報網是卡納里斯一手創建的，如果越過他去進行調查，就是明顯表現出對他的不信任。

實際上，負責檢查「威廉・馬丁」少校屍體的西班牙法醫曾表示過質疑，他在「威廉・馬丁」少校身上沒有發現被魚類咬過的痕跡，這對於一具在海中漂浮了4到5天的屍

體來說是十分可疑的。然而由於卡納里斯的故意疏忽和希特勒不願內部矛盾表面化的考慮，這個最大的疑點並沒能引起德國人的充分注意。

另外，德國人獲取這份情報的過程並非一帆風順。為了讓戲演的更真實，英國駐西班牙大使對「肉餡」計劃完全不知情的，屍體被打撈上來之後，撒母耳‧霍爾大使曾經透過各種管道試圖在第一時間拿回屍體，這對德國人造成了不小的壓力和麻煩，這也是讓他們相信情報真實性的一個重要原因。

即便如此，嚴謹的德國人仍然是要做一下驗證工作的，因此埃文‧蒙塔古的「肉餡」上還需要加上「佐料」。6月4日，倫敦的《泰晤士報》上發表了一份近期的戰地傷亡人員名單，「威廉‧馬丁」少校和2個在同一地區因飛機失事遇難的軍官名字都刊登在上面，這大大增加了情報的可靠性，但是德國人仍然需要親自調查一番。他們派出潛伏在英國的間諜，根據「威廉‧馬丁」少校身上的私人信件位址以及服裝店帳單上的位址，一一進行核實，而且這些間諜還冒著被擒的風險，主動暴露自己的位置，以試探「威廉‧馬丁」少校是否是英國人的圈套。可是這些都在埃文‧蒙塔古的預料之內，所有的「演員」和「場景」都布置得天衣無縫，沒有任何紕漏。

最後，德國人要求另一個王牌間諜達斯科‧波波夫想辦法從英國政府內部核實情報的真實性。但德國人想不到的

是，達斯科‧波波夫實際上是一個雙面間諜，他表面上是德國人的間諜，但實際上卻為英國人服務，而據說這位達斯科‧波波夫就是著名的「007」詹姆斯‧龐德的原型之一。在經過假裝的調查之後，達斯科‧波波夫告訴德國人，這份情報非常可靠。

幾天後，在薩丁島的主要城市卡利亞里附近的海岸上又發現了一具身著英國軍服的屍體，從他身上發現的檔表明，他屬於一支正在偵察薩丁島海岸的小分隊，這實際上是達斯科‧波波夫製造的又一個「肉餡」，是盟軍即將登陸薩丁島的一系列假象之一。

但是幾乎就是在同一時間，英國方面卻出現了一個極大失誤，本來這個失誤極有可能將「肉餡」計劃破壞，然而誤打誤撞，這個失誤卻在無形中幫了盟軍的忙。

在盟軍計劃登陸西西里島的前幾天，英國軍官諾克斯上校將一份有關西西里登陸計劃的機密電報遺失，而且一直沒有找到。據推斷，這份情報應該是落到了德國間諜手裡，不過德國人認為這份電報是英國人故意透露用來迷惑他們的假情報，而「威廉‧馬丁」少校身上的那份才是真的。

幾經周折，德國人終於吃下了「肉餡」，德國情報部門報告希特勒「檔案的可靠性無庸置疑」後，希特勒十分高興，認為自己已經勝券在握。在一次跟墨索里尼的會談中，墨索里尼表示擔心盟軍可能在西西里島登陸，希特勒得意地說，自己有絕對可靠的情報證明盟軍不會在西西里登陸。

德國和義大利依據這份情報進行了戰略調整，希特勒對他的將軍們強調「加強薩丁島和伯羅奔尼薩斯地區的軍事防禦是首要任務」。為了對這兩個地點的防禦力量進行加強，希特勒授命德國陸軍元帥隆美爾前往雅典組建一個集團軍，然後會合從法國南部調來的德國第一裝甲師，在愛琴海沿岸布下了3道堅固的防線。

儘管如此，希特勒還是不放心，於是他從蘇聯前線抽調了2個裝甲師，加強希臘地區的防線，抽調了一個武裝黨衛軍裝甲旅增援薩丁島，又將西西里島上的德國裝甲部隊調往科西嘉島，因此，西西里島上只剩下戰鬥力非常弱的義大利軍隊防守。

法西斯德國的這次調動對整個戰局產生了極大影響，由於希特勒在東線戰場抽調大量兵力，導致德國在不久後的東線戰場上所展開的有史以來最大坦克戰──庫爾斯克會戰中慘敗，而且在西線盟軍真正的登陸地點西西里島的德軍防禦力量也大大削弱。

虛幻的騙局

隨著社會科技的發展，虛擬世界已經成為了越來越真實的世界。也許你不會想到，在網路上說明他人的同時，你還能夠獲益匪淺；也許你不會想到，普普通通的「原始股」居然會引導你發家致富；也許你不會想到，你可以免費環遊世界；也許你不會想到，虛擬世界，也有銀行存在……也許你並不知道，以上一切都是騙局！

「互助」的 MMM 騙局

　　近年來，越來越多的人在微信上發現了巨大的商機。然而最近有一個所謂平台在微信朋友圈爆紅。有人開始在微信炫耀加入這個平台之後輕輕鬆鬆月入十萬，有人開始以轟炸的姿態對這個平台進行24小時不間斷宣傳，似乎這個平台就是賺錢的唯一途徑，是發家致富的錦囊妙計。不僅有人在微信平台大力宣傳這個平台，甚至還有人特意建立了群組來拉人入夥。

　　這到底是一個什麼樣的平台？為什麼能夠讓這麼多人為之瘋狂呢？這個平台的名字很簡單，叫做「MMM互助金融社區」，進入該社區的網站我們能夠清晰看到一段異常醒目的宣傳語，宣稱加入該社區平台的人，每個月能夠輕鬆獲得高達30％的利益。

　　這是什麼概念？這意味著只要你投入10000元，一個月後就是13000，一年下來總收益大約在23萬左右。這到底是一個什麼樣的平台，為什麼能夠讓那麼多人瘋狂，為什麼

能夠製造如此巨大的利潤？其實這個所謂發財致富的平台只不過是一場擊鼓傳花的鬧劇，是外國「龐氏騙局」的變種。

那麼這場騙局是如何行騙的呢？讓我們先來瞭解一下所謂「MMM互助金融社區」的運營模式。

加入該社區平台的會員需要參與以馬夫羅幣為載體的「互助平台」，不過這個平台宣稱他們不會要會員的一分錢，聲稱這些錢都是在平台會員之間流轉。那麼這個流轉的方式是怎樣的呢？

每個剛加入平台的會員先要確定投資額度和幣種，一般平台允許的投資額度在60元至6萬元不等，而幣種也有本國流通貨幣和比特幣這種虛擬貨幣之分。註冊成功後的會員能夠在平台上發布「提供說明」的訊息，然後系統會匹配「尋求說明」的會員，並促成雙方的交易。也許有人會問，這個過程不是一次買賣嗎？但是「MMM互助金融社區」更願意稱其為會員之間的互助。

首先，一名會員會在平台上買入一定價值的馬夫羅幣，這個行為不叫買入，而被稱為「提供幫助」，而與此對應，另一名會員會提交賣出馬夫羅幣的申請，當然這個賣出並獲利的行為也不叫賣出，而是被稱為「得到幫助」。

系統會自動匹配「提供幫助」和「尋求幫助」的會員，一般匹配的時間為1至14天，在排隊等候的時間內，會員仍會享受每天1%的收益，收益的情況以會員帳戶之中馬夫羅幣的增長為表現。這也就意味著，每個會員在這個平台之

中，既要扮演投資人，也需要充當借款人的角色。

當匹配成功後，「提供幫助」的會員能夠看到「尋求幫助」的會員的帳號、電話、銀行卡號或支付寶帳戶，以及「尋求幫助」的會員「線上」的相關資訊。「提供說明」的會員需要在72小時內透過銀行或支付寶轉帳給「尋求幫助」的會員，並上傳打款憑證。「尋求說明」的會員也需要在72小時內確認收款。

此時，「尋求幫助」的會員完成他的投資並獲利退出，而「提供幫助」的會員的投資人身分發生轉換，「提供幫助」的會員投資後獲得了與本息等額的馬夫羅幣，需要賣出獲利。

於是，「提供幫助」的會員就變成了「尋求說明」的會員，系統將再次匹配另一個投資人和他進行交易，以此循環。簡單來講，MMM社區的模式就是讓資金不斷地在會員手中流通，然後用新加入的會員的錢去解決了先註冊的會員的帳單。

然而在社區平台的交易過程中，並沒有產生任何實體的投資專案，那麼這個項目也就是無法盈利的，整個投資過程都是用會員自己的錢在周轉。一旦這條關係鍊發生斷裂，騙局就會瞬間崩潰，後註冊的會員也將血本無歸。

目前這種騙局正在中國上演，騙局規模也早已超過了人們的想像。但是令人匪夷所思的是，很多加入這個騙局的人其實都知道這是一場騙局，只不過他們都抱著僥倖心理，

相信自己不會是後進入接棒的人。

這場騙局到底是如何誕生的，又為何能讓那些明知是錯卻一錯再錯的人癡迷不已呢？

在「MMM互助金融社區」的財富騙局中，俄羅斯人謝爾蓋·馬夫羅季是「偉大的」MMM模式締造者。那麼，這個俄羅斯人又是誰呢？

馬夫羅季1955年，出生在莫斯科的一個中產家庭。他十分擅長數學和物理，高中畢業後，他進入莫斯科理工學院的電子工程專業學習，畢業後，他只是個沒沒無聞的程式師。

1994年2月馬夫羅季和他的兩個兄弟維亞切斯拉夫·馬夫羅季和奧莉加·梅利尼科娃，以家族姓氏首字母「M」為名，創辦了MMM股份公司，當時該公司的註冊資金僅為10萬盧布，如果按照當時的匯率折算成美元的話也只有1000美元。

當時前蘇聯剛解體不久，對世界經濟格局的影響很惡劣，導致了俄羅斯無論從官方還是民間，都渴望經濟復甦。馬夫羅季正是看到了其中的機會，打著投資石油的名義，用「金字塔」式的投資模式，聲稱要建立金額最大的投資基金。

MMM股份公司首先用的是廣告策略，該公司的廣告遍布報紙、廣播、公車等管道。可以說，在當時的俄羅斯，到處都是MMM股份公司的廣告，而在那些誇張的廣告上，

MMM股份公司許諾投資者每月至少會得到兩倍的回報。為了擴大知名度，MMM公司還請莫斯科居民免費搭了一次地鐵。

MMM公司當年發行原始股價格為每股1000盧布，4個月後，每股價格已經炒到3萬多盧布。但很快，MMM股份公司的投資者就發現他們根本無法獲得預期的回報，甚至一些投資者血本無歸。

1994年7月俄羅斯政府發表聲明，質疑MMM股份公司承諾的高額回報，宣布不保證投資這家公司的安全性。MMM股份公司的股價隨後急劇下跌。

同年8月。馬夫羅季涉嫌偷稅漏稅遭拘留。在獄中，馬夫羅季不但沒有遭到投資者的唾棄，反而贏得了更多支持。他們認為，不是馬夫羅季拿走了錢，而是員警及稅務機關。馬夫羅季順勢認為，他是被國家迫害的人，在幫普通老百姓抵抗金融寡頭的蠶食。

10月，馬夫羅季獲釋。第二個月，參加國家杜馬補選，當選議員，不過這個頭銜後來又被當局撤銷。此後，俄羅斯當局又指控他涉嫌欺詐。2003，用假身分證藏匿在莫斯科的馬夫羅季被捕。

在經歷過曠日持久的官司後，2007年，法庭裁定，馬夫羅季竊取投資者鉅資，偷稅、偽造檔和大規模欺詐等罪名成立。服刑4年半後，馬夫羅季獲釋。

早在俄羅斯，馬夫羅季三兄弟創建的MMM股份公司就

已經成功騙走1000萬名投資者資金，牟利高達15億美元。然而令人奇怪的是，馬夫羅季刑滿釋放之後，惡習不改。

　　只不過這一次他不再利用股份公司來實施詐騙，馬夫羅季看中了網路的便捷，他利用網路開始實施新的「金字塔騙局」。

　　2011年出獄之後，馬夫羅季透過他自己的個人博客，以視頻為媒介介紹一種新的「金字塔方案」。按馬夫羅季說法，基於新方案，多數投資者可以每月收益20%，養老金領取者和殘疾人則可每月獲得高達30%的收益。

　　雖然馬夫羅季有十分惡劣的前科，但是透過他的個人粉飾，別人更願意相信馬夫羅季是一個反政府的、有著實遠見的人。是一個願意代表普通老百姓和資本寡頭鬥爭的英雄。

　　他透過個人網站，宣傳「MMM互助金融社區」的未來之路。他還經常發表哲學著作，來闡述自己的騙局理論。在他的網站，宣傳語十分誘人：「你願用你的錢幫助一個老人、窮人嗎？他們需要你的說明。」

　　他謊稱洞察了當今金融格局，他認為當下出現的金融危機，是現代金融體系造成的。甚至他在和路透社記者交流的時候聲稱「現代金融體系非常不公平。世界不好嗎？可以做得更好。」他謊稱要打造一個公平有效的金融體系。

　　透過在互聯網上傳播自己的騙局理論，「MMM互助金融社區」開始在各個國家埋下罪惡之根。馬夫羅季曾把「MMM互助金融社區」的騙局擴展到南非，結果南非媒體

報導揭露了馬夫羅季的詐騙真相。

2013年，「MMM互助金融社區」在印度登陸。結果只騙了1.5億盧比，這在當時大約相當於260多萬美元。他和他的弟兄以及印度夥伴，就被印度某邦逮捕。

如今，「MMM互助金融社區」的騙局已經來到中國，這個社區打著窮人互相幫助的幌子，大肆鼓勵會員發展下線，並用會員視頻來充斥網站，作為欺騙受害者的工具。

然而只要是明智的人就能輕易識破這場騙局，世界上沒有任何不勞而獲就能獲得高額回報的事情，貨幣之間單純的流通只會造成貶值而不會升值，因此這個騙局是十分簡單的，所有陷入這個騙局的人也並不是真的愚笨，只不過是慾望作祟罷了。

股市謹防「原始股」

　　隨著中國經濟的不斷發展，越來越多的公司選擇上市這一途徑，來吸引投資者投資，進而令炒股這種投資行為變得更加普遍。在股民的心中，股市動盪起伏，操作得當，可以讓人一夜暴富。

　　而在廣大股民的心目中，「原始股」一向是穩健贏利的代名詞。所謂「原始股」指的就是上市公司在上市之前所發行的股票，這些「原始股」的股價一般都很低，但是一旦公司上市，股價就會水漲船高。

　　然而，近年來多個地區都出現了以「原始股」為誘餌的投資騙局。在河南、山東、上海等多省市，很多希望在股市中「一夜暴富淨賺幾十倍」的股民盲目相信「原始股」的巨大利益，進而導致自己的巨額資金血本無歸。

　　日前，中國證監會向各地印發函件，嚴禁任何機構和個人以「股權眾籌」名義從事非法發行股票的活動。

　　因涉嫌以「原始股」非法集資，上海優索環保科技發展

有限公司原法人代表段國帥近日被批捕,其炮製的假股票騙局騙取上千名河南群眾高達2億多人民幣。

據瞭解,嫌疑人段國帥是河南漯河人,由他控制的上海優索環保科技發展有限公司在河南多地設立分公司,自稱「環保產業的先鋒企業」,並透過互聯網宣傳造勢。

上海優索環保科技發展有限公司號稱專業從事中國政府大力扶持的環境保護、節能減排和新興能源行業,致力於固體廢棄物綜合處置及綜合利用。

主要涉足領域包括:環保固體生活廢棄物的集中綜合處置、利用技術及工程;農業廢棄物生物質發電處置技術及工程;城市生活及工業污泥的集中乾化焚燒處置工程的技術及工程;城市工業危險廢棄物集中焚燒處置技術及工程。

該公司利用國家扶持和環保公司的外衣,欺騙了不少投資者。被矇騙的投資者都以為這是一家潛在的「績優股」企業。

為了讓公司更加具有欺騙性,段國帥等人在河南召開「增資擴股」發表會,他們利用上海優索環保科技發展有限公司在上海某地方股權交易市場掛牌的身分,對外宣稱其為「上市公司」。其實在地方股權交易市場掛牌的公司並不能算是真正的上市公司,而上海優索環保科技發展有限公司卻以上市公司的名義,宣布將定向發行「原始股」。

同時,這家所謂的「上市公司」還一度發售股權理財集

資，承諾年收益達48%，超過同期銀行存款收益20多倍。

　　一直到騙局被曝光，上海優索環保科技發展有限公司利用「原始股」的名頭非法融資2億多人民幣，矇騙了上千名投資者。上海優索環保科技發展有限公司一直謊稱企業馬上要在上海證券交易所上市，原始股能獲得幾倍甚至幾十倍的收益。被騙的投資者的損失少則幾萬，多則上百萬。

　　事實上根據證券法規定，公開發行證券必須符合法律、行政法規規定的條件，依法報經國務院證券監督管理機構或者國務院授權的部門核准。

　　然而有一些像上海優索環保科技發展有限公司這樣的企業卻利用地方性的企業股權掛牌轉讓市場，冒充上市公司發售「原始股」。例如在多地發生的「原始股」騙局中，均有不法分子宣稱自己是「上海股權託管交易中心」的掛牌企業，有明確的上市代碼。但事實上，這家股權交易中心只是一個地方機構，不法分子利用其名稱易與「上海證券交易所」混淆，矇騙消費者。一些企業以證券投資為名，以高額回報為誘餌，透過「股權眾籌」等名義詐騙錢財。

　　除了上海優索環保科技發展有限公司以外，還有多家企業涉嫌利用「原始股」進行非法集資和投資詐騙。

　　據江蘇省南京市玄武區人民法院查明，南京一家名為「蝦米電子科技」的公司就聲稱2016年「很快將在新三板上市」，需要透過股權投資融資。該公司宣稱，任何購買公司至少5萬元的股權的投資者，都能夠成為「上市公司的

創業股東」。經法院認定,該公司這一經營模式構成傳銷,其兜售假股票的違法所得也被全部沒收。

上述假股票騙局都利用了投資者對A股「打新」高收益的慣性思維。

那麼「原始股」騙局到底是如何欺騙投資者的呢?通常行騙公司都會利用電話、網路等媒體來引誘投資者。中國人民大學商法研究所所長介紹說:「由於『原始股』銷售尚處監管空白,因此如果有公司自稱定向增資擴股,又透過電話、網路等管道向不特定的公眾銷售股票,實際上已涉嫌違反證券法關於『不得變相公開發行股票』的規定。」

部分「原始股」騙局受害者還反映,一些合規設立的地方性股權交易市場存在監管空白。

上海市浦東新區市場監督管理局公示顯示,早在今年7月,涉嫌倒賣「原始股」非法集資的某不法企業就被監管部門列為「經營異常」。然而,這家空殼公司卻仍在其掛牌的地方股權交易市場,繼續交易多日才被終止掛牌。

此外,一些投資者也反映,部分企業僅僅在地方股權交易中心掛牌,就宣稱投資人能享受「上市公司」的財富增值和融資便利,大搞「原始股」交易。

法律人士提示,在中國,投資者只有在上海證券交易所、深圳證券交易所以及承擔新三板交易結算的全國中小企業股份轉讓系統可以買賣股票,網路推銷交易的所謂「原始股」並不受法律保護。

夢遊之旅──WV旅遊騙局

　　有這麼一家旅遊公司，名為World Ventures，翻譯成中文就叫做WV夢幻之旅。該公司號稱會協助所有的客戶和會員在機票、酒店、遊輪、租車、景點等旅遊消費上省錢，該公司聲稱其會員可以只付2-3星級的價格便享受4-5星級的旅遊配套。

　　在該公司的宣傳廣告中提及，WV公司2005年在美國創立，擁有3500平方米的辦公面積，該公司還號稱是2012年世界100強直銷公司第74名，並且是全球成長最快排名第六的旅遊公司，2012年收入高達3億美金。WV公司還在宣傳之中推出「玩商」的概念，宣稱成為他們的會員之後，不僅能夠享受免費的旅遊，還能夠獲得公司的獎金。

　　那麼這樣一家打著誘人的旗號的公司到底是一家怎樣的公司，為什麼能夠為會員提供免費的旅遊呢？實際上，所謂的WV夢幻之旅，只不過一場荒謬可笑的騙局。而如今，這場騙局正在網路大範圍行騙。

　　想要加入WV夢幻之旅，就需要先繳納一定數額的入會費，值得玩味的是，入會費的貨幣單位為美元，讓人感到這個公司的確是與國際接軌。繳納了入會費之後，每個月還要繳納月費。當然，除了繳納費用之外，會員也可以透過自己的「努力」，去賺取費用。

　　WV夢幻之旅把這種行為叫做「推廣」，實際上就是讓會員去拉人頭，吸收更多的會員。每一個會員拉到一個人，就會獲得一定的獎勵，拉到4個人，會免除月費。拉到6個人，則會獲得名為「對碰獎」的獎勵。除了「對碰獎」，WV夢幻之旅還有很多各種名目的獎勵，人數越多，獎勵也越多。

　　其實有些聰明的人，在知道WV夢幻之旅拉人頭的舉動就會想到這是一場網路上的龐氏騙局，那麼為什麼還有人甘願受騙？

　　由於該騙局是打著旅遊的幌子，讓那些熱愛旅遊的人選擇了入會，從那之後，月費就成為WV夢幻之旅會員頭頂的緊箍咒。

　　加入WV夢幻之旅之後，會員就會被WV夢幻之旅設置的制度，一步步帶進了不歸路。如果會員只是註冊了帳戶，沒有充值交費，是沒有損失的。如果會員在一定時間內都沒有充值，帳戶自動註銷。可是會員如果在連續2個月不交月費，那麼他的帳戶凍結，不能購買旅遊套餐，也不會有任何收益。

　　但是如果後來補交了月費，帳戶會被重新啟動。可是一旦會員連續6個月不交月費，帳戶就會被永久註銷，無法啟動。因為有「月費」這個每發展四名下線，推薦人可免月費的緊箍咒，就迫使會員不停發展下線。

　　既然知道了WV夢幻之旅騙局的把戲，為什麼還有人對此深信不疑呢？

　　WV夢幻之旅一直以來都把自己偽裝成高檔的旅遊公司，它一方面宣稱自己的公司所在地為美國，一方面宣稱自己在世界上的排名、所獲獎項、和名人的合作……在外人看來，免費旅遊是多麼誘人的事情。

　　況且那些在網路上發布旅遊照片的人也讓別人十分羨慕。WV夢幻之旅的會員通常先從親朋下手，然後再利用各種外國旅遊的圖片去吸引人。當有人質疑的時候，WV夢幻之旅的會員會拿出各種照片、物件去證明WV夢幻之旅的真實性。

　　事實上，WV夢幻之旅的會員最慣用的那些粉飾自身的獎項，通通都是假的。

　　為了吸引別人加入，WV夢幻之旅的會員會隨身攜帶一條藍色的寫有「YOU SHOULD BE HERE」標語的條幅，讓不明真相的群眾上當受騙。事實上WV夢幻之旅偶爾也會組織幾次旅遊，但是該公司並不提供往返機票，所以算上住宿、機票、遊玩等費用，你會發現你實際開銷要比自助旅遊多很多。

　　WV夢幻之旅宣稱全球會員超過一千萬，事實上這種事情很難統計，而且WV夢幻之旅宣稱他們在亞洲的總部位於香港，所以他們承認香港籍會員。既然如此，他們統計出的大陸幾十萬會員又是怎麼算的呢？

　　而且就算你到香港去，也不可能找到他們的辦公場地。即便找到了，一個小小的辦公室，也完全沒有國際大公司的樣子。

　　WV夢幻之旅號稱獲得過國際大獎，其實那些獎項都是可以花錢買來的，而且獎項聽起來名頭很大，但其實都是一些沒有任何實際的民辦雜誌胡亂頒發的獎項。

　　WV夢幻之旅的會員為了彰顯自身的優越，有的人還拿出自己手持萬事達全球聯名卡，身在國外的照片，然後再標注手上卡片的珍貴性，說該卡片是金融行業的金卡，只有大公司才能把自己公司的LOGO印在卡片上。

　　事實上，這種欺詐手段也已經被揭穿，所謂的萬事通全球聯名卡不過是Payoneer卡片，即美國虛擬帳戶卡，其大致等同於各個銀行發行的信用卡。雖然萬事達發行的該卡片確實有很高的檔次，但是想要在卡片上印上公司的LOGO和廣告還是很容易的。

　　除了這張很容易欺騙他人的卡片以外，WV夢幻之旅還邀請到名人合影，宣稱這些名人都是WV夢幻之旅的會員。然而WV夢幻之旅的這種做法很快就被那些名人推翻，他們紛紛發表公開律師函，聲明該公司一切行為和自己毫無關係。

WV夢幻之旅還曾利用國際知名企業為自己正名，可是不久那些企業也紛紛在自己的官方網站貼出告示，正面回應，稱將用法律手段維護自己的名譽。

WV夢幻之旅最終只好用知名度較低的「名人」為自己擴大聲勢。在該公司的宣傳影片中，有一位內蒙古集團的老總。該影片中，那位老總從各種角度解讀WV夢幻之旅前景。而事實上，關於該老總的可信資訊只有兩則，一則是WV夢幻之旅自製的那段影片，另一則是內蒙古一家推拿公司總經理的介紹。看到這裡我們不禁疑惑，這位身價千萬的集團公司老總，難道還身兼推拿公司的總經理？難道這位老總如此低調，集團公司名不見經傳，推拿公司倒是一查便知。

事實上，國際對WV夢幻之旅早有定論。挪威曾經公開指明該公司為「金字塔騙局」，美國也曾逮捕過該公司兩名創始人，以偷稅漏稅的罪名對其進行罰款。近年來，中國湖南、江蘇、內蒙古等各個省市工商調查局和警察局也公布了對WV夢幻之旅龐氏騙局的揭露情況，各大新聞媒體也對這個騙局做了詳細的報導。

危機四伏的虛擬世界

　　當人們對現實中的一切感到不滿意的時候，總會想要在其他地方尋找寄託。三藩市林登實驗開發經營了一款名為《第二人生》的遊戲，在該遊戲裡，玩家可以建造和購買房子和傢俱，可以在虛擬的海灘上散步，可以從事自己喜歡的行業……總之，這裡是另一個社會，是一個虛擬的社會。

　　在這個社會之中，自然也有貨幣流通，這也令這個遊戲成為了一個金融交易場所。在這個虛擬世界中使用的貨幣叫林登幣，大約可按270：1的比率兌換成美元。目前，有相當於1300萬美元的林登幣進入了流通系統，32萬名《第二人生》玩家參與遊戲之中的經濟活動。

　　然而，世界上並沒有完整的針對虛擬社會的法律，因此虛擬社會中存在著難以預料的漏洞和騙局。《第二人生》中一個娛樂性島嶼冰島圍欄上出現了一些小機器，這些機器叫做「銀行」，它們吸引玩家到名為「Ginko Financial」的地方存款，並宣稱這家銀行會像現實世界的銀行一樣，

為儲戶提供比較高的利率。

其實這個「Ginko Financial」是一個遊戲名為波托加羅的玩家開設的,但是這位波托加羅到底是何許人也,卻沒人知曉。

人們只知道,波托加羅說服了好幾百人把他們的林登幣存在「Ginko Financial」裡,但後來令人莫名其妙的是,這家「銀行」不見了,儲戶們說他們的錢也沒有了。2007年7月,「Ginko Financial」開始限制取錢,儲戶們就圍著這些機器,試圖找回他們的錢。然後,「Ginko Financial」宣布存款要以「Ginko永久債券」支付,而不是林登幣。這些債券急劇貶值,到了10月分就一文不值了。最終,這家銀行消失,波托加羅也沒有再上線。據美國愛達荷州律師杜蘭斯克稱,這場騙局總共帶來的損失約70萬美元。

雖然林登實驗室負責創建和發行了《第二人生》貨幣,但它拒絕對涉及林登幣的交易、糾紛和損失承擔責任。也就是說,那些被「Ginko Financial」騙了的玩家,根本不能要回自己的損失。

林登實驗室商務副總裁允恩說:「在虛擬世界裡,人們的交易方式跟網際網路上的基本一樣。你得明白自己在做什麼,這麼做的後果是什麼,然後使用所提供的工具來確定你是在跟可以信賴的人進行交易。」如今,該公司已採取了一些措施,比如認定和暫停一些涉嫌欺詐性活動的大額林登幣轉帳和兌現,並鼓勵戶主們採用協力廠商認證服

務。但是，由於缺乏現實世界中的檢舉措施和相關法規，此類措施還不能完全保證虛擬經濟的正常運行。

其實早在林登實驗是採取措施之前，就有人向法庭提交了關於虛擬金融和商業的投訴。2005年，美國加州律師布拉格在《第二人生》註冊，並開始在業餘時間收集和轉賣虛擬土地，並將虛擬焰火賣給其他線上居民。

2006年5月，林登實驗室控告布拉格在一次拍賣中，以低於市價的價格獲得了虛擬土地。於是該公司認為他的行為違反了帳戶服務條款，因此關閉了他的帳戶，並沒收了他所有的林登幣和財產，而這些財產價值約8000美元。

不過布拉格認為，他被關閉的不僅僅是帳戶，他的真實資產也被剝奪，於是，他將林登實驗室告上了法庭。在最近的判決中，他拿回了帳戶和一些財產。

有人認為，布拉格案的核心，在於人們把《第二人生》中的虛擬土地當做是人們可以「擁有」的東西。這表示，現實世界中有關當局也許不一定把虛擬貨幣當做大富翁遊戲的貨幣，或者把線上世界的合約當做遊戲的行為。

雖然布拉格要回了自己的損失，但是這不代表所有在虛擬世界被騙的都能如願。因為布拉格案和虛擬銀行案件有一個關鍵的不同。布拉格的財產是被遊戲公司取消的，而那些儲戶的財產，則是他們自己在交易過程中上當受騙。

有些人認為在虛擬遊戲之中的財產完全受遊戲公司保護，即便受損也會有人給他們賠償。但是實際上，遊戲公

司不會賠償那些因為自己交易受騙而損失的玩家。

　　而隨著科技的進步，像《第二人生》這樣的虛擬世界越來越多。據報告，《第二人生》目前擁有超過1000萬的用戶，線上用戶隨時都高達5萬。除了《第二人生》之外，還有更多的虛擬世界。

　　隨著虛擬世界的增加，越來越多的玩家和商家開始在虛擬世界進行交易。各個商家開始在虛擬世界之中兜售商品，甚至還有電影選擇在虛擬世界進行首映儀式。虛擬世界和現實世界的關聯越來越緊密。人民在虛擬世界消費，在現實世界也能夠享受到消費的成效。

　　而隨著這些交易的進行，虛擬世界的安全問題也變得更加重要。

　　為了使交易更加安全，2007年夏天，三藩市林登實驗室宣布創建一個自願的身分識別系統，使線上世界的消費者能驗證與自己進行交易的虛擬化身背後的各種情況。創建身分識別系統的另一個目的是，禁止未成年人進入《第二人生》的某些地區，如18歲以下的未成年人不能註冊帳戶。

　　除了身分識別系統，林登實驗室還引入了識別可疑活動的程式，提醒使用者線上交易時提高警惕。三藩市林登實驗室首席財務官茲達諾沃斯基在《第二人生》博客裡寫道：「我們提醒居民，無論在現實世界中還是在《第二人生》中，都要提防無風險高利率報價的人，如果條件太好，那就可能是假的。」

　　網路遊戲之中騙錢的行為也時有所聞，雖然虛擬世界的一切都是我們碰不到的，但是虛擬並不安全。有些人認為自己的身分資料並不重要，有些人認為虛擬銀行和現實銀行一樣。就算自己有了損失，也可以找遊戲公司要個說法。但是這些損失都是玩家自己造成，公司又怎麼會承擔責任。

　　為了杜絕這類騙局的發生，人們需要在虛擬世界保持警惕。當然，網路安全體制的健全，也是保障人們財產的重要途徑。如今越來越多的遊戲和虛擬世界都要求實名認證，這也是保障人們安全的一種手段。

永續圖書
線上購物網

www.foreverbooks.com.tw

◆ 加入會員即享活動及會員折扣。

◆ 每月均有優惠活動，期期不同。

◆ 新加入會員三天內訂購書籍不限本數金額，
即贈送精選書籍一本。（依網站標示為主）

專業圖書發行、書局經銷、圖書出版

永續圖書總代理：
五觀藝術出版社、培育文化、棋茵出版社、大拓文化、讀
品文化、雅典文化、知音人文化、手藝家出版社、璞申文
化、智學堂文化、語言鳥文化

活動期內，永續圖書將保留變更或終止該活動之權利及最終決定權。

讀好書品嚐人生的美味

騙局：揭祕中外古今經典騙局騙術